AF533120

Belinda Hausner

Wunderbare WEIHNACHTS-KUCHEN und mehr

Traumhaft backen für die Festtage

Jan Thorbecke Verlag

Inhalt

Desserts

Weihnachtliche Getränke

Hallo ihr Lieben,

Ich bin's wieder. Und für alle, die mich noch nicht kennen: Mein Name ist Belinda, ich bin eine Mama von drei wunderbaren Mädels, Ehefrau und Teampartner, Frisörmeisterin und leidenschaftliche Café-Inhaberin, detailverliebte Food-Fotografin, experimentelle Rezeptentwicklerin, kreative Foodstylistin und jetzt auch zweifache Buchautorin.
Wahnsinn, wie schnell die Zeit vergeht. Dabei ist doch mein erstes Buch, gefühlt, gerade erst erschienen. Und Zack! Schon ist wieder Weihnachten. Diesmal auch in meinem Buch.
Auch dieses Buch, mit all den Bildern, trägt wieder meine ganz besondere Handschrift, die euch Märchenhaftes auf den Tisch zaubert. Meine Kreationen aus Klassischem und Ungewöhnlichem begleiten euch durch dieses Weihnachtsbuch.
Mich haben so viele gefragt, wer die Fotos für mich macht. Ja, die mache ich. Ich entwickle die Rezepte selbst (außer denen, die ich von meiner Mama und meiner Oma übernehme), ich dekoriere die Tische selbst und ich fotografiere alles alleine. Jedes Rezept wurde mit Liebe kreiert, jeder Tisch mit detailverliebter Leidenschaft angerichtet, jedes Foto mit absoluter Hingabe von mir gemacht. Ob das viel Zeit beansprucht? Ja tut es, aber ihr wisst doch selbst, wie die Zeit rast, wenn man das macht, was man liebt. Und wenn man dann noch so eine Familie wie meine um sich hat, erleichtert das vieles.
Egal was dabei herauskommt: Macht es wie ich – mit Hingabe und Liebe, mit Lachen und Tränen oder mit Freude und Wut. Hauptsache mit Spaß. Auch bei mir geht mal was daneben, oder ich versinke im (Back-) Chaos. Wir alle sind Menschen voller Emotionen, die alles schaffen können.
Wenn man es will. Falls ihr dann doch mal etwas nicht schaffen solltet, schreibt mir einfach auf meinem Blog www.belindathebaker oder auf Instagram @belindathebaker. Ich helfe euch gerne weiter.
Meine Familie, meine Eltern und ihre Partner, meine Schwiegereltern, meine Schwestern, Freunde und Bekannte, sie alle haben sich so für mich gefreut, als ich ihnen ihr persönliches Exemplar meines ersten Buches überreicht habe. Und ich freue mich, dass die Geschichte weitergeht ...

Eure Belinda

TIPPS, TRICKS UND VORSCHLÄGE

Meine Frühstücke, Kuchen, Torten, Desserts und Getränke sind für jeden von euch etwas. Wenn ich das geschafft habe, schafft das auch jeder von euch bezaubernden Menschen.

Ausstattung

Keine Angst, ihr braucht weder eine vollständig ausgestattete Konditorei oder Patisserie noch eine Gastroküche oder eine Bar, die bis unter die Decke mit Spirituosen und Säften gefüllt ist. Damit euch alles leicht gelingt, gibt's hier ein paar wertvolle Kniffe, Hinweise und Ratschläge für euch.

Basics

- Teigschüsseln in verschiedenen Größen
- Teigschaber, Schneebesen, Kochlöffel, Gemüseschäler
- Messbecher
- Nudelholz
- Spritzbeutel mit diversen Tüllen
- Küchenwaage, digital und grammgenau
- Winkelpalette mittlere Größe
- Teigkarte
- Ausstechförmchen
- Diverse Gläser und Dessertgläser
- Kleine Tortenringe
- Eisportionierer

Außerdem

- Flambierbrenner
- Waffeleisen
- Cocktail-Shaker
- eventuell: Pancake-Pfanne
- eventuell: Milchschäumer

Backformen

Auch ein paar verschiedene Backformen und -bleche solltet ihr zuhause haben. Ihr müsst aber jetzt nicht loslaufen und alle Formen kaufen. Ich habe ganz hinten im Buch noch eine kleine Tabelle zur Anpassung der Mengenverhältnisse.

- Springformen in den Größen 16, 20 und 26 cm
- Tarteform (optional mit herausnehmbaren Boden. Ist aber kein Muss)
- Tartelettesförmchen
- Muffinblech
- Gugelhupfform (25cm)
- Pfanne
- Töpfe
- Auflaufform

Backofen

Das Kernstück unseres Schaffens. Backöfen sind wie wir. Jeder ist ein bisschen anders, und darum sind meine Angaben zur Backdauer und den Temperaturen Richtwerte. Es kann durchaus sein, dass ihr ein bisschen in euren Ofen hineinhören dürft, um euch ein Stückchen besser kennenzulernen.

Stäbchenprobe

Das Stäbchen. Mein kleiner Lebensretter bei vielen Experimenten. Gerade wenn man sich auch bei seinem Ofen bezüglich der Backzeit nicht so sicher ist. Für die Stäbchenprobe nehmt ihr einen kleinen, dünnen Holzstab wie einen Zahnstocher oder einen Schaschlikstab. Diesen steckt ihr in die dickste Stelle des Kuchens. Wenn beim Herausziehen kein Teig mehr kleben bleibt, ist der Kuchen fertig. Wenn nicht, dann noch ein paar Minuten im Ofen lassen und die Probe dann wiederholen.

Zutaten und ihre Alternativen

Die meisten meiner Rezepte lassen sich mit Zutaten zubereiten, die man in der Regel zuhause hat. Ihr müsst aber auch nicht direkt zum nächsten Supermarkt laufen, wenn ihr mal etwas nicht zuhause habt. Oft gibt es Alternativen.

- Mehl ist für die meisten Rezepte unentbehrlich, kann aber zu einem guten Drittel durch gemahlene Nüsse ersetzt werden.
- Bei Milchprodukten darf gern ein bisschen durchgetauscht werden. Mascarpone könnt ihr durch Frischkäse ersetzen, Crème Fraîche durch Schmand. Ihr könnt auch ohne weiteres immer zu laktosefreien Alternativen greifen.
- Butter und Margarine unterscheiden sich geschmacklich, lassen sich aber bei vielen Rezepten untereinander austauschen. Für das Schmelzen von Schokolade mit Butter könnt ihr die Butter auch gerne mal durch Kokosöl ersetzen.

Schokolade schmelzen

Ja, ja, das liebe Schmelzen von Schoki. Man kann da schon eine Wissenschaft daraus machen.
Ich halte mich kurz und knapp.
Ein Topf. Wasser. Eine Metallschüssel. Willkommen im Wasserbad. Das Wasser darf nicht kochen oder sieden. Die optimale Temperatur, um die Schokolade zu schmelzen, liegt knapp unter 50 °C. Wenn das Wasser zu heiß ist, wird die Schokolade bitter. Gebt etwas mehr als die Hälfte der Schokolade grob gehackt in die Metallschüssel und stellt diese auf euren Topf. Die Schüssel sollte dabei am Rand des Topfes aufliegen und nicht im Topf herumschwimmen. Wasser und Schokolade können sich nicht so gut leiden, deshalb bitte darauf achten, dass kein Wasser in die Schüssel kommt. Wenn der erste Teil der Schokolade geschmolzen ist, gebt ihr den Rest, ebenfalls grob gehackt, dazu und wartet, bis alles geschmolzen ist.

Gelatine

Für meine Rezepte benutze ich ausschließlich Blattgelatine, um den Törtchen und Cremes den richtigen Stand zu verleihen. *Never change a running system.* Ich komme am besten mit Gelatine in Blattform klar. Einfach in Wasser einweichen und dann weiterverarbeiten. Nur darauf achten, die Blättchen nacheinander ins Wasser zu geben, sonst kleben sie eventuell aneinander. Das Einweichen dauert in etwa 5 Minuten, und dann kann die Gelatine weiterverarbeitet werden.

Das Einfetten von Formen

Ein Mysterium des Backens ist immer wieder das Einfetten der Form. Wieso geht der Gugelhupf nicht raus? Warum muss ich die Kastenform aufbrechen, damit mein Kuchen rausgeht? Damit das ein Ende hat, hab ich einen sehr guten Tipp für euch. Nehmt geschmolzene Butter zum Einfetten. Die Form mit der geschmolzenen Butter einstreichen und Mehl darübersieben. Das überschüssige Mehl, welches nicht an der Form haften bleibt, einfach wieder abklopfen. Das klappt. Glaubt's mir. Das klappt.

Blindbacken

Mürbteige werden blindgebacken. Dabei wird der Mürbteig in der Form mit einer Gabel großzügig angepiekst. Darüber legt man dann ein Backpapier und Metallkugeln. Falls ihr keine Metallkugeln habt, könnt ihr auch einfach Backlinsen im Supermarkt kaufen und drauflegen. Das geht genauso gut.

Kühlzeiten

Bitte achtet ein bisschen auf die Kühlzeiten. Aus meiner Erfahrung kann ich euch sagen: „Ach das geht auch so" geht leider nicht so gut. Ein Teig kann eine Diva sein, eine Mousse ein Frecker, und alles zu Warme verursacht Kollateralschäden, wenn es nicht genug abgekühlt ist. Es wäre einfach zu schade, wenn dadurch die ganze schöne, leckere Arbeit zunichte gemacht wird.

Frühstück

Bratapfel-French-Toast BOWL

Der winterliche Klassiker in meinem Café. So viele zufriedene „Mmmmmmmhs" meiner Gäste können nicht lügen. Ich wünsche euch ganz viel Freude bei eurem persönlichen „Mmmmmmmh"-Genuss-Moment.

ZUTATEN

für die Bratäpfel

2 mittelgroße Äpfel, mit Schale gewürfelt
50 ml Wasser
1 TL Zimt
1 EL brauner Zucker

für den French-Toast

1 Ei
50 ml Milch (je nach Größe des Toasts)
1 Prise Zimt
1 Päckchen Vanillezucker
4 Scheiben weicher Toast oder Brioche

Sonstiges

500 g griechischer Joghurt
Honig und Ahornsirup fürs Topping

Die angegebene Menge reicht für 2 Portionen

ZUBEREITUNG

1/ **Für die Bratäpfel** in einer Pfanne die Äpfel mit dem Wasser, Zimt und dem braunen Zucker verrühren und ein paar Minuten köcheln lassen.

2/ In der Zwischenzeit schon einmal den Joghurt auf zwei Schälchen aufteilen.

3/ **Für den French Toast** in einem Schüsselchen das Ei, Milch, Zimt und den Vanillezucker miteinander verquirlen. Durch diese Masse zieht ihr dann euer Brot und bratet es von beiden Seiten in einer Pfanne an, bis die Scheiben goldbraun werden. Ich bevorzuge Brioche, weil das auch so einen leicht süßlichen Geschmack hat. Toast funktioniert aber genauso gut.

4/ **Zum Anrichten der Bowl** die Schälchen mit dem Joghurt bereitstellen. Darauf die warmen Bratäpfel und darüber den French-Toast legen. Gerne könnt ihr ein paar Äpfel aufheben, um sie am Ende noch einmal auf den Toast zu geben. Ich schneide den Toast immer in kleine Teile, damit ich in der Bowl beim Essen nicht so herummanschen muss. Als Topping lasse ich über den French-Toast etwas Honig und Ahornsirup laufen. Das rundet den Geschmack perfekt ab.

Bratapfel AUFSTRICH

Für den weihnachtlichen Genuss am Morgen. Oder Mittag. Oder am Abend. Oder zwischendrin.

ZUTATEN

100 g Marzipan
6 große Äpfel, geschält und gewürfelt
500 g Gelierzucker 2:1
1 TL Zimt
3 EL Amaretto

ZUBEREITUNG

1/ Den Backofen auf 180 °C Ober-/Unterhitze vorheizen. Wir backen Äpfel.
2/ In einer Auflaufform das Marzipan in kleinen Stücken und die gewürfelten Äpfel verteilen. Ab damit für 20 Minuten in den Ofen.
3/ Nun raus aus den Ofen und direkt weiter in einen Topf. Gelierzucker, Zimt und Amaretto dazugeben und dann rühren, rühren, rühren. Für etwa 10 Minuten.
4/ Wenn ihr kein Fan von stückigen Aufstrichen seid, könnt ihr die Masse auch gerne pürieren.

Merry Christmas

Marzipan-Milchreis MIT SPEKULATIUS

„Das ist so lecker. Ich könnte mich da reinlegen." Diesen Satz habe ich gesagt, als ich den Milchreis das erste Mal probiert habe. Und beim zweiten Mal. Beim dritten Mal vielleicht auch.

ZUTATEN

1 l Milch
250 g Milchreis
50 g Marzipan
1 TL Spekulatiusgewürz

für die Deko
Spekulatius

ZUBEREITUNG

1/ In einem Topf die Milch zum Kochen bringen und den Milchreis dazugeben. Das Marzipan in kleinen Stückchen in die Milch bröseln und das Spekulatiusgewürz dazustreuen.

2/ Jetzt beginnen die längsten 20 Minuten meines hungrigen Daseins. So lange darf ich nur zuschauen und rühren. Aber dann, wenn die Reiskörner schön weich sind, meine Freunde, dann kommt mein – und natürlich auch euer – großer Moment.

3/ Der Milchreis wandert zuerst in eine Schüssel, bekommt noch ein paar Spekulatiuskrümmel zur Deko, und dann geht's direkt mit einem rieeeesen Löffel in den Mund. Pusten nicht vergessen. Soviel Zeit muss dann schon noch sein.

Vanillekipferl- WAFFELN

Durch unsere exzessive Vanillekipferlbackerei in der Vorweihnachtszeit und durch den unbändigen Wunsch meiner Familie nach allem Möglichen mit Vanillekipferln darin entstanden diese tollen Frühstückswaffeln.

ZUTATEN

100 g zerbröselte Vanillekipferl
200 g Mehl
1 TL Zimt
1 TL Backpulver
5 Eier, getrennt
200 g Zucker
1 TL Vanillezucker
230 g Butter

zum Garnieren
Griechischer Joghurt, Nüsse, Birnen, Honig

ZUBEREITUNG

Ihr braucht für dieses leckere Frühstück ein Waffeleisen.

1/ **Für den Waffelteig** die Vanillekipferl sehr fein hacken, mit Mehl, Zimt und Backpulver vermischen und zur Seite stellen.

2/ Das Eiweiß der getrennten Eier mit Zucker und Vanillezucker zu Eischnee schlagen und ebenfalls zur Seite stellen.

3/ Jetzt wird die Butter schaumig geschlagen. Nach und nach das Eigelb zur Butter geben und zu einer luftigen Masse verrühren.

4/ In die Butter-Eigelb-Masse hebt ihr mit einem Schneebesen abwechselnd den Eischnee und die Mehl-Mischung unter, bis alles gut vermengt ist.

5/ Heizt euer Waffeleisen vor und gebt die Masse löffelweise darauf. Aber nicht zu viel. Sonst gibt's 'ne Sauerei, weil alles rausläuft.

6/ Wir essen diese Waffeln zuhause am liebsten mit griechischem Joghurt, Nüssen, Birnen und Honig garniert. Hier sind eurer Fantasie aber keine Grenzen gesetzt.
Ein kleiner Tipp: Die Waffeln funktionieren mit allen Plätzchen ohne Schokolade. Nur für den Fall, dass ihr eure Plätzchenreste noch an den Mann, die Frau, die Kinder bringen möchtet.

Lebkuchen-Porridge MIT PFLAUMEN

Ich habe noch ein leckeres Frühstück für die Weihnachtszeit aus unserem Café für euch.

ZUTATEN

für das Porridge
200 ml Milch (oder Milchalternative)
6 EL (gut gehäuft) feine Haferflocken
½ TL Zimt
1 TL brauner Zucker
2 Lebkuchen
(ergibt 2 Portionen)

für das Topping
350 g geviertelte Pflaumen
200 ml naturtrüber Apfelsaft
1 Päckchen Vanillezucker

ZUBEREITUNG

1/ Wir beginnen mit dem Pflaumentopping. Das muss ein bisschen einkochen.

2/ In einen Topf die Pflaumen, den Apfelsaft und ein Päckchen Vanillezucker geben und etwa 15 Minuten vor sich hinköcheln lassen, bis der Apfelsaft gut verkocht ist. Den Topf könnt ihr dann zur Seite stellen.

3/ In einem weiteren Topf langsam die Milch mit den Haferflocken erhitzen, einen halben Teelöffel Zimt und und einen Teelöffel braunen Zucker dazugeben, bis euer Porridge eine schöne, cremige Konsistenz hat. Am Schluss noch die Lebkuchen in kleinen Stückchen dazugeben und eine Minute weich werden lasse.

4/ Füllt euer Porridge vom Topf in zwei Schüsseln und verteilt darauf das Pflaumen-Topping, und schon habt ihr euch ein leckeres Frühstück gezaubert.

Beeren-Glühwein AUFSTRICH

Am besten steckt ihr euch hier ein Lesezeichen ins Buch, denn den Aufstrich könnt ihr auch super für Plätzchen und Kuchen verwenden.

ZUTATEN

750 g frische gemischte Beeren (tiefgekühlte gehen natürlich auch)
200 ml roter Glühwein
500 g Gelierzucker 2:1
1 TL Zimt

ZUBEREITUNG

1/ Wenn ihr gefrorene Beeren nehmt, lasst sie erst auftauen.
2/ Die Beeren in einen Topf geben, den Glühwein angießen. Nun kommen noch der Gelierzucker und der Teelöffel Zimt dazu.
3/ Jetzt darf auch schon geköchelt werden. Und zwar etwa 30 Minuten lang. Umrühren nicht vergessen.
4/ Den Aufstrich direkt aus dem Topf in eure ausgekochten Gläser abfüllen und nach der Abkühlzeit, wann und worauf auch immer ihr wollt, leckeren, beerigen Glühweinaufstrich genießen.

Ofenschlupfer
VON OMA

Meine Oma hat uns dieses Frühstück so oft gemacht, als wir noch Kinder waren. Als wir älter wurden, wurde mir auch klar, wieso. Weil sie dafür meistens alles zuhause hatte.

ZUTATEN

für das Porridge
500 ml Milch
1 Zimtstange
1 Päckchen Vanillezucker
3 mittelgroße Äpfel
350 g Brioche
3 Eier
100 g braunen Zucker
1 Prise Salz
1 Handvoll gemischter Nüsse
Die angegebene Menge reicht für 4 bis 6 Personen.

ZUBEREITUNG

Ihr braucht dafür eine Auflaufform.

1/ Den Backofen auf 180 °C Ober-/Unterhitze vorheizen.
2/ In einem Topf langsam die Milch zusammen mit Vanillezucker und der Zimtstange erhitzen. Die Milch darf nicht kochen. Das ist wichtig. Sagte schon meine Oma. Stellt den Topf dann zum Abkühlen zur Seite.
Beim nächsten Schritt durften meine Schwestern und ich unserer Oma immer helfen.
3/ Zuerst werden die Äpfel geviertelt und das Kernhaus entfernt. Dann in schmale Spalten schneiden. Die Brioche auch in etwa 1 Zentimeter dicke Scheiben schneiden und zusammen mit den Äpfeln in Form schichten.
4/ Für den Guss in einer Schüssel die Eier, den braunen Zucker und das Salz schaumig schlagen. Die Masse dann gut mit der Milch im Topf vermischen. Das dann wieder unsere Oma gemacht. Vielleicht aus Sicherheitsgründen. Wer weiß.
5/ Den Inhalt des Topfs über die geschichteten Äpfel und Brioche geben und die Flüssigkeit für etwa 10 Minuten einziehen lassen.
6/ Bevor der Ofenschlupfer seinen Weg in den Ofen findet, streut ihr noch die Nüsse darüber.
7/ Dann geht's für etwa 45 Minuten in den Backofen.

Schon beim Schreiben erinnere ich mich an den Duft, der durch Omas Küche bis ins Wohnzimmer strömte, wo wir Kinder spielten. Da wussten wir: Essen ist fertig.
Wir konnten es kaum erwarten, bis wir alle unsere Portion bekamen. Ich hoffe euch geht's genauso ...

Spekulatius PANCAKES

Wer liebt sie nicht? Die süßen, fluffigen Mini-Pfannkuchen. Also ich kenne niemanden, der dazu nein sagen würde.

ZUTATEN

2 Eier, getrennt
2 EL Zucker
1 Päckchen Vanillezucker
200 ml Milch
180 g Mehl
1 TL Backpulver
1 Prise Salz
12 zerbröselte Spekulatiuskekse
euer Lieblingstopping. Unseres ist Ahornsirup

ZUBEREITUNG

1/ **Für den Teig** zunächst die Eier trennen. Das Eiweiß steif schlagen und zur Seite stellen.

2/ In einem Schüsselchen das Eigelb mit Zucker und Vanillezucker schaumig schlagen, anschließend die Milch dazugeben und unterrühren.

3/ Mehl, Backpulver und Prise Salz mischen und mit der Ei-Zucker-Masse verrühren, bis ein glatter Teig entsteht.

4/ Letzter Schritt: vorsichtig den Eischnee unter den Teig heben. Und schon ist der Teig bereit, zu superleckeren Pancakes zu werden.

5/ **Zum Ausbacken** der Pancakes benutzen wir zuhause eine Pancake-Pfanne. Wenn ihr so eine Pfanne nicht zuhause habt, verrate ich euch einen Trick, wie die Pancakes trotzdem schön rund werden: mit Tortenringen. Die fettet ihr zuvor etwas ein und stellt sie in eure Pfanne. Je nach Größe der Pfanne haben 1 bis 3 Stück Platz darin.

6/ Einen Klecks Teig in jeden Ring geben. Kurz fest werden lassen, die Pancakes aus der Form drücken und wenden, damit sie auch auf der anderen Seite goldbraun werden.
Ich wünsche euch ein genussvolles Frühstück!

Kuchen und Torten

Weißer Glühwein-Gugelhupf MIT LEBKUCHEN

Glühwein ist ja schon etwas Leckeres. Lebkuchen auch. Zusammen in einem Kuchen harmonieren diese beiden, wie man es sich zur Weihnachtszeit vorstellt

ZUBEREITUNG

1/ Euren Backofen dürft ihr auf 180 Grad Ober-/Unterhitze vorheizen

2/ Wir beginnen mit Wellness für die weiße Schokolade. Die bringt ihr im Wasserbad bei angenehmen Temperaturen zum Schmelzen.

3/ Während die weiße Schoki vor sich hinschmilzt, schnappt euch eine Schüssel und rührt Butter, Vanillezucker und Zucker schön schaumig. Dann gebt ihr die vier Eigelb hinzu und rührt, rührt, rührt, bis ihr euch vor Schaumigkeit kaum retten könnt. Die vier Eiweiß stellt ihr zur Seite. Die brauchen wir später noch.

4/ In die schaumige Butter-Zucker-Eigelb-Masse gebt ihr, unter ständigem Rühren, nacheinander Mehl, Backpulver, Lebkuchengewürz und das weiße Schokoladenpulver. Nicht die Schoki. Die darf sich noch im Wasserbad entspannen. Und rühren, rühren, rühren.

5/ **Jetzt kommt meine Lieblingszutat dazu:** der weiße Glühwein. Langsam eingießen und fleißig verrühren. Ihr dürft euch natürlich zur Qualitätskontrolle sicherheitshalber auch eine Tasse Glühwein warm machen und die nebenbei trinken. Irgendwo muss die Energie für den Rührkuchen ja auch herkommen.

6/ Jetzt holen wir die weiße Schoki aus ihrem Bad und geben die mit viel, viel Rühren langsam zur Masse. Wenn ihr das gemacht habt, streut ihr noch die gemahlenen Mandeln dazu, und dann habt ihr es fast geschafft. Zwei Zutaten fehlen noch.

7/ Die Lebkuchen dürft ihr klein schneiden oder mit der Hand zerbröseln und in die Masse geben. Ein Stückchen für den Kuchen, ein Stückchen für mich.

8/ **Zu guter Letzt** werden noch die vier Eiweiß steif geschlagen. Diesen wunderschönen Eischnee hebt ihr dann noch unter die Masse und verrührt, ein letztes Mal (versprochen!), alles ganz gut durch.

9/ Nun ist die Masse soweit und darf in eure Lieblings-Gugelhupf-Form. Diese sollte, wie immer, gut eingefettet und bestäubt sein. Wie das am besten funktioniert, steht bei meinen Tipps.

10/ Nach all dieser Rührarbeit darf der Kuchen nun für ca. 60 Minuten in den Ofen. Nach der Backzeit empfehle ich euch, eine Stäbchenprobe zu machen, da jeder Ofen ein bisschen anders sein kann. Wenn da alles passt, dann raus aus den Ofen mit dem leckeren Gugelhupf und auch gleich raus damit aus der Form.

11/ Sobald die Geduldsprobe namens Abkühlzeit vorbei ist, gebe ich nur noch ein bisschen Puderzucker darüber und genieße das erste Stück zu einer heißen Tasse Glühwein. Oder zwei.

ZUTATEN

100g weiße Schokolade
200g Butter
130g Zucker
1 Päckchen Vanillezucker
4 getrennte Eier
1 TL Lebkuchengewürz
130g Mehl
1 Päckchen Backpuler
2 TL weißes Schokoladenpulver
130ml weißer Glühwein
2 Schokoladenlebkuchen (oder mehr zum nebenbei Naschen)
130g gemahlene Mandeln

Mascarpone-TÖRTCHEN

Advent, Advent ein Lichtlein brennt.
Und schmeckt dabei auch noch waaaahnsinnig gut.

ZUTATEN

für die Böden
4 Eier
110 g Zucker
1 Prise Salz
100 g Mehl
50 g Mandeln
1 TL Zimt
1 Päckchen Vanillezucker
2 TL Backpulver
2 EL Milch

für die Creme
350 g Mascarpone
2 EL Milch
1 Päckchen Vanillezucker
45 g Zucker
200 ml Sahne
4 TL San Apart
1 Prise Zimt

außerdem
200 g Nougat

optional
weißer Schokoladenguss
für die Kerzenoptik

ZUBEREITUNG

Ihr braucht eine 16er Springform und den passenden Tortenring.

1/ Den Backofen auf 175 Grad Ober-/Unterhitze vorheizen.
2/ In einer Rührschüssel die 4 Eier und den Zucker laaaaang schaumig schlagen und danach eine Prise Salz dazugeben.
3/ Die anderen Zutaten nacheinander vorsichtig unterheben. Schön vorsichtig. Sagte ich schon. Auch wenn's euch wundert, die Milch wird ebenfalls untergehoben. Ihr werdet später merken, dass es sich lohnt.
4/ Den Teig in eure mit Backpapier ausgelegte Springform geben und den Kuchen für ca. 20 bis 25 Minuten backen. Stäbchenprobe ist dabei hilfreich. Den fertigen Kuchen auskühlen lassen, bevor er in drei Teile geschnitten wird.
5/ Die Creme selbst dauert nicht lange. Ihr könnt sie entweder sofort machen und kalt stellen oder erst, kurz bevor der Kuchen zusammengebastelt wird. Dafür verrührt ihr zuerst Mascarpone, Milch, Vanillezucker und Zucker.
6/ Die Sahne wird mit San Apart und einer Prise Zimt steif geschlagen und dann unter die Mascarpone-Masse gehoben. Und schon ist sie fertig. Hebt beim Zusammensetzen etwas Creme auf, weil das Törtchen danach noch damit eingestrichen wird.
7/ **Den Nougat** langsam im Wasserbad schmelzen. Den benötigt ihr dann für die Schichten.
8/ **Für das Törtchen** den Kuchen in drei gleich große Böden teilen. Den ersten Boden in einen Tortenring setzen. Darauf einen Teil der Creme verteilen. Auf die Creme mit einem Löffel langsam etwas Nougat laufen lassen. Darauf den zweiten Boden setzen und wieder Creme und Nougat daraufgeben. Nun kommt der letzte Boden darauf und wird nur mit Creme bedeckt. Das Törtchen für etwa eine Stunde in den Kühlschrank stellen.
9/ Nach der Kühlzeit nehmt ihr den Tortenring ab und bestreicht das Törtchen mit der restlichen Creme.
Wenn ihr euer Törtchen wie eine Kerze aussehen lassen möchtet, dann geht das ganz einfach: Steckt eine kleine Kerze oben in die Torte. Bereitet einen weißen Schokoladenguss nach Packungsanweisung zu und lasst ein bisschen davon über das Törtchen laufen. Aber nur ein bisschen. Dann wartet ihr, bis der Guss fest ist, und wiederholt das ganze, bis ihr mit der Optik eures Kerzentörtchens zufrieden seid.

Zimtstern-KÄSEKUCHEN

Beim Naschen kommen mir oft die verrücktesten Gedanken. Zum Beispiel: Landet dieses süße Zeug direkt auf meinen Hüften? Werde ich morgen wieder weinen, weil es so ist? Wird es mir trotzdem egal sein? Auf die letzte Frage ist die Antwort definitiv: Ja. Auf die beiden anderen Fragen möchte ich nicht weiter eingehen und einfach ein Stück dieses Kuchens genießen.

ZUBEREITUNG

Für diesen Kuchen braucht ihr keinen Backofen. Der Kühlschrank ist diesmal euer Freund und Helfer.

1/ **Für den Boden** in einem Topf Butter zerlassen, Puderzucker und Zimt hinzugeben und die Plätzchen darin zerstampfen, zerbröseln oder zerdrücken. Tobt euch aus. Das Ganze macht ihr solange, bis die Butter aufgesaugt wurde und eine weiche Masse entsteht

2/ Die Masse in eine mit Backpapier ausgelegte Springform geben. Ich nehme dazu einfach einen Löffel. Die Form für ca. 30 Minuten in den Kühlschrank stellen.

3/ **Für die Creme** die weiße Schokolade im Wasserbad erwärmen. Während die Schoki so langsam schmilzt, in einer Schüssel Mascarpone, Frischkäse, Puderzucker, Vanillezucker und die kräftige Prise Zimt schaumig aufschlagen. Sobald die Schokolade geschmolzen ist, diese einrühren. Bitte vergesst nicht, die Creme mindestens einmal zu probieren. Sicherheitshalber lieber zwei- oder dreimal.

4/ Wenn, trotz all der Probiererei, dann noch Creme übrig ist, verteilt ihr diese auf den Boden in der Springform und streicht sie glatt. Jetzt kommt der Teil, der mich immer am meisten Kraft kostet: Der Käsekuchen muss nochmal mindestens 2 Stunden in den Kühlschrank. Doch danach steht dem schokoladig-cremig-zimtigen Genuss nichts mehr im Wege.

5/ **Zum Dekorieren** stecke ich, wenn noch vorhanden und nicht schon in meinem Bauch, noch ein paar Zimtsterne auf den Kuchen.

ZUTATEN

für den Boden

130 g geschmolzene Butter
2 EL Puderzucker
1 Prise Zimt
200 g Zimtsterne (ich kaufe die Zimtsterne. Kauft also gerne ein paar mehr für die Deko und zum Naschen)

für die Käsekuchen-Creme

200 g weiße Schokolade
500 g Mascarpone
175 g Frischkäse
90 g Puderzucker
1 Päckchen Vanillezucker
1 großzügige Prise Zimt

Spekulatiusschnecken MIT BRATAPFELFÜLLUNG

Vergesst Zimtschnecken. Hier kommen Spekulatiusschnecken. Aber das wäre nicht fair. Beide Varianten verdienen gleichzeitig den ersten Platz.

ZUTATEN

für den Teig
520 g Mehl
1 TL Salz
1 Ei
60 g Margarine
60 g Zucker
100 ml lauwarme Milch
100 ml lauwarmes Wasser
1 Päckchen Trockenhefe

für die Füllung
Bratäpfel:
4 mittelgroße Äpfel gewürfelt
100 ml lauwarmes Wasser
1 TL Spekulatiusgewürz (gestrichen)

für den Aufstrich
60 g geschmolzene Butter
80 g brauner Zucker
1 TL Spekulatiusgewürz (gestrichen)
3 Spekulatius Plätzchen

für den Zuckerguss
150 g Puderzucker
1 Päckchen Vanillezucker
4 EL kalte Milch

ZUBEREITUNG

Euren Backofen könnt ihr noch ausgeschalten lassen. Den brauchen wir erst später.

1/ **Für den Teig** einfach alle Zutaten in eine Schüssel geben und verkneten. Noch leichter: Eure Küchenmaschine macht das mit einem Knethaken für euch.

2/ Den fertig gekneteten Teig in eine bemehlte Schüssel geben, ein Geschirrtuch darüberlegen und den Teig für eine Stunde an einem warmen Ort gehen lassen. Hefegebäcke lieben sowas.

3/ **Für die Bratapfel-Füllung** die gewürfelten Äpfel mit den 100 ml Wasser in eine beschichtete Pfanne geben. Das Spekulatiusgewürz darüber verteilen, alles einmal durchrühren und für etwa 15 bis 20 Minuten auf mittlerer Stufe vor sich hin köcheln lassen. Gelegentliches Umrühren schadet nichts. Die fertige Füllung zur Seite stellen und abkühlen lassen.

4/ **Für die Spekulatiusschnecken** den Ofen auf 180 °C Ober-/Unterhitze vorheizen.

5/ Den aufgegangenen Teig auf einer bemehlten Arbeitsfläche zu einem Rechteck ausrollen. Der Teig darf 1 Zentimeter dick sein.

6/ **Für den Aufstrich** in einem Töpfchen die Butter schmelzen lassen, braunen Zucker und einen gestrichenen Teelöffel Spekulatiusgewürz dazugeben. Passt etwas auf, dass ihr das Ganze nicht zu heiß werden lasst. Ihr wollt gar nicht wissen, wie das sonst schmeckt. Ich spreche aus Erfahrung.

7/ **Um die Zimtschnecken** zu füllen, auf dem ausgerollten Teig die Butter/Zucker Masse großzügig und gleichmäßig verstreichen. Darüber die Spekulatiusplätzchen zerbröseln. Zum Schluss kommen dann noch die Bratapfelwürfel. Den Teig vorsichtig aufrollen.

8/ Von der Rolle vorsichtig ca. 2 Zentimeter dicke Scheiben abschneiden. Jede Scheiben in eine Muffinform mit Muffinpapierchen legen. Alternativ könnt ihr aber auch eine Auflaufform befüllen. Ohne Backpapier. Einfach reinlegen. Eine Scheibe neben die andere.

9/ Jetzt dürfen die Schnecken für 25 Minuten ab in den Ofen.

10/ **Um den Zuckerguss** kümmern wir uns, kurz bevor die Schnecken den Ofen wieder verlassen: In einem Schüsselchen Puderzucker, Vanillezucker und Milch glatt rühren.

11/ Könnt ihrs schon riechen? Die Spekulatiusschnecken sind soweit. Ihr dürft sie aus dem Ofen nehmen und sofort mit dem Zuckerguss bestreichen.

Vanillekipferl- GUGELHUPF

Eventuell ist euch ja schon aufgefallen, dass unsere Familie Vanillekipferl sehr gerne mag. Es versteckt sich ja das ein oder andere Rezept mit diesen leckeren Plätzchen im Buch. Es wundert euch also sicher auch nicht, dass meine Kleinste sich einen Kuchen mit Vanillekipferl gewünscht hat.

ZUBEREITUNG

1/ Den Backofen auf 160 °C Umluft vorheizen.

2/ Ein kleines Geheimnis von mir vorab: Mein „innerer Monk“ bewegt mich immer dazu, bei solchen Kuchen schon vorher in zwei Schüsseln die Mehl-Backpulver und die Spekulatius-Zimt-Mischung vorzubereiten und zur Seite zu stellen. Mache ich das nicht, bringt mich das leider immer wieder aus dem Konzept.

3/ In einer Rührschüssel weiche Butter und Zucker cremig rühren. Nach und nach die 4 Eier dazugeben. Und immer schön rühren. Nun die Mehl-Backpulver-Mischung in die Masse rühren. Jetzt die Milch dazu. Uuuuund rüüüüühren. Als nächstes darf die Spekulatius-Zimt-Mischung in die Masse. Die wird, selbstverständlich, auch wieder schön eingerührt. Ganz zum Schluss kommen dann fein zerbröselte Vanillekipferl dazu, die, oh welch Wunder, auch wieder gut in die Masse eingerührt werden.

4/ Jetzt habt ihr's geschafft. Genug gerührt.

5/ Den Teig in eine gut eingefettete Gugelhupf-Form geben. Bei meinen Tipps findet ihr Hinweise, um zu vermeiden, dass der Kuchen und die Form beim Backen eine Symbiose bilden.

6/ Jetzt ab damit für 50 bis 60 Minuten in den Ofen. Die Stäbchenprobe verrät euch, wann der Kuchen fertig ist.
Das Gute an diesem Gugelhupf ist, dass ihr ihn auch nach Weihnachten mit vielleicht noch übrigen Plätzchen machen könnt. Probiert ihn doch einfach mal mit anderen Plätzchen aus und lasst es mich gerne wissen, was ihr für welche genommen habt!

ZUTATEN

220 g Mehl
2 TL Backpulver
1 TL Spekulatiusgewürz (gestrichen)
1 TL Zimt
220 g Butter (Zimmertemperatur)
200 g Zucker
4 Eier
6 EL Milch
35 g Vanillekipferl

Linzer TARTELETTES

Diese Tartelettes verbinde ich immer mit meinem Lieblingsbäcker aus der Kindheit. Wie schön, dass ich mir diesen unvergleichlichen Geschmack nicht nur nach Hause holen konnte, sondern auch zuhause selbst machen kann!

ZUTATEN

für den Mürbteig
300 g Mehl
Prise Salz
1 TL Backpulver (gestrichen)
100 g geröstete, gemahlene Mandeln
1 TL Zimt
180 g Butter (Zimmertemperatur)
2 Eier

außerdem
etwa 300 g Marmelade (s. S. 20)
1 Eigelb

ZUBEREITUNG

Für diesen Kuchen benötigt ihr Tarteletteförmchen. Falls ihr so etwas nicht habt, könnt ihr auch einfach eine Tarteform nehmen. Dann gibt's halt eine große Tarte.

1/ **Für den Teig** alle Zutaten in einer Schüssel gut verkneten. Entweder als kleines Work-out mit den Händen oder mit dem Knethaken eurer Küchenmaschine. Den fertigen Teig in eine Frischhaltefolie packen und für etwa 30 Minuten in den Kühlschrank legen.
2/ Den Backofen auf 180 °C Umluft vorheizen.
3/ **Für die Tartelette-Böden** den Teig aus dem Kühlschrank nehmen und in zwei Teile teilen; eine Hälfte auf der bemehlten Arbeitsfläche ca. 3 bis 4 mm dick ausrollen. Mit den Tartelette-Förmchen Kreise ausstechen.
4/ Diese Kreise in die Förmchen legen und den Rand etwas nach oben ziehen. Die Tartelettes mit Marmelade bestreichen. Der Beeren-Glühwein-Aufstrich von S. 20 passt hier wunderbar.
5/ **Für die Teigdeckel** die zweite Hälfte des Teigs wieder ausrollen und mit den Förmchen ausstechen. Die ausgestochenen Scheiben diesmal in kleine Streifen schneiden und über die gefüllten Tartelettes legen. Ihr könnt auch gerne die ganze Scheibe darüberlegen oder mit Plätzchenausstechern etwas ausstechen und darüberlegen. Ihr seid ja alle kreative Leckermäulchen. Euch fällt da sicher etwas ein.
6/ Bevor die kleinen, leckeren Dinger in den Ofen kommen, verquirlt ihr noch das Eigelb und bestreicht die Tartelettes damit.
7/ Nun könnt ihr sie für 25 Minuten in den Ofen schieben.

Linzer sind übrigens ein sogenanntes Dauergebäck und halten sich auch mal zwei Wochen. Bei uns zuhause ist das aber sicherlich nicht der Fall ...

Schokoladen-Cranberry-TÖRTCHEN

„Hey Mama, ich würde gern heute Abend zu den Eltern von meinem Freund einen kleinen Kuchen mitnehmen. Machst du mir das bitte was? Wir fahren um 17 Uhr. Danke." Ich, dreifache Mama, bin um 15 Uhr ganz entspannt. Man wächst ja mit seinen Aufgaben. Zum Glück gab's eine einfache Aufgabe.

ZUBEREITUNG

Zuallererst: Habt keine Angst. Die Törtchen sehen aufwendig aus, gehen aber wirklich einfach. Da geht nix schief. Wir machen zuerst den Boden, dann die Creme, dann setzen wir die Törtchen zusammen, und ganz zum Schluss flambieren wir sie dann mit Baiser.

1/ **Für den Teig** braucht ihr große runde Plätzchenausstecher oder ähnliches, um die Böden auszustechen. Den Backofen auf 170 °C Ober-/Unterhitze vorheizen.

2/ Die Schokolade im Wasserbad schmelzen. In einem Mixer Butter, Zucker, Salz und Vanillezucker zu einer cremigen Masse verrühren. Unter ständigem Rühren ein Ei nach dem anderen dazugeben. Jetzt die geschmolzene Schoki unterrühren. Mehl, Kakao und Backpulver sieben und einrühren. Noch Milch und Nüsse dazu, und schon habt ihr den Teig geschafft.

3/ Den Teig auf einem mit Backpapier ausgelegten tiefen Backblech verteilen und etwa 30 Minuten auf der mittleren Schiene backen.

4/ **Die Zubereitung solcher Cremes** liebe ich. Ihr dürft nämlich alles einfach in einen Topf geben, verrühren und bei geringer Hitze leicht vor sich hin köcheln lassen. Es schadet aber auch nichts, gelegentlich mal umzurühren. Nach etwa 30 Minuten sind die Cranberrys weich genug, um sie zu pürieren. Die pürierte Creme kalt stellen, bis der Boden ausgekühlt ist.

5/ **Zusammensetzen der Törtchen:** Kurze Info vorab: Wenn ihr eine Küchenmaschine habt, könnt ihr den Baiser jetzt schon machen und die Maschine ihre Arbeit tun lassen. Wenn ihr es mit dem Handrührgerät macht, machen wir den Baiser später.

6/ Jetzt geht's wieder ans Basteln. Einfach die Böden aus dem Blech ausstechen, die Hälfte von ihnen mit der Cranberry-Creme bestreichen und jeweils einen Boden daraufsetzen.

7/ **Baiser** geht auch wieder ganz einfach. Zucker mit Eiweiß und Salz schaumig schlagen. Endeeeee.

8/ Jetzt kommen wir zum großen Finale. Die Baiser-Masse rund um die Törtchen streichen. Mit einem Flambierbrenner den Baiser um die Törtchen so lange flambieren, bis er leicht karamellisiert.
Mit Crème brûlée hab ich auf S. 53 übrigens auch noch ein sehr tolles Rezept für euch.

ZUTATEN

für den Boden
200 g Zartbitterschokolade
250 g weiche Butter
250 g Zucker
1 Prise Salz
1 Päckchen Vanillezucker
4 Eier
180 g Mehl
20 g Kakao
2 TL Backpulver
4 EL Milch
200 g gehackte Haselnusskerne

für die Creme
300 g frische Cranberrys
1 TL Zimt
40 g brauner Zucker
1 Päckchen Vanillezucker
6 EL Apfelsaft

für den Baiser
200 g Zucker
4 Eiweiß
¼ TL Salz

Zimtrollen-TARTE

Ich finde es ab und zu ein bisschen Schade, wenn Plätzchen nur Plätzchen sein dürfen. Plätzchen dürfen auch was Größeres sein. Zum Beispiel eine Tarte. Bitte lasst euch nicht irritieren. Bei diesem Rezept laufen die Arbeitsschritte im ersten Moment vielleicht etwas durcheinander, aber irgendwie hat dann doch alles eine gewisse Struktur und macht Sinn. Falls nicht, sagt's mir!

ZUTATEN

für den Boden
130 g Butter
50 g brauner Zucker
180 g Mehl
50 g gemahlene Mandeln
1 Prise Salz
1 Ei

für die Glühwein-Kirschen
300 g entkernte Kirschen
200 ml roter Glühwein
3 EL Amaretto
40 g brauner Zucker
1 TL Zimt
1 Päckchen Vanillezucker
3 TL Speisestärke

für den Plätzchenteig
260 g Mehl
160 g Butter
80 g griechischer Joghurt
50 g brauner Zucker

für die Füllung der Plätzchen
80 g geschmolzene Butter
2 TL Zimt
2 EL brauner Zucker

ZUBEREITUNG

1/ **Für den Boden** alle Zutaten in eine Schüssel geben und mit voller Kraft kneten. Ich persönlich gebe diese ehrenvolle Aufgabe an meine Küchenmaschine und ihren Knethaken weiter, während ich die Qualität des Glühweins überprüfe.

2/ Den fertigen Teig in Folie wickeln und 30 Minuten in den Kühlschrank legen.

3/ **Für die Zimtrollenplätzchen** einfach wieder alle Plätzchen-Zutaten in eine Schüssel geben und kneten, dann den Teig wieder in Folie wickeln und ab in den Kühlschrank damit. Die Füllung machen wir später. Die geht ganz fix.

4/ **Für die Glühweinkirschen** alle Zutaten außer der Speisestärke in einen Topf geben. Damit die Speisestärke nicht klumpt, erst mit ein bisschen Wasser anrühren und dann dazugeben. So lange köcheln lassen, bis eine zähflüssige Masse entsteht, dann den Topf vom Herd nehmen.

5/ Für den Kuchen den Ofen auf 180 °C Ober-/Unterhitze vorheizen.

6/ Den gekühlten Tarteteig auf einer bemehlten Arbeitsfläche ausrollen. Danach in eure gut eingefettete Lieblings-Tarte-Form legen, festdrücken, die Ränder hochziehen und mit einer Gabel Löcher in den Boden stechen. Und ab damit für 15 Minuten in den Ofen.

7/ Dann den Boden aus dem Ofen holen und die Glühweinkirschen darauf verteilen. Danach geht's direkt für weitere 10 Minuten in den Backofen.

8/ **Für die Füllung der Zimtrollenplätzchen** in einem Töpfchen die Butter mit dem braunen Zucker und dem Zimt schmelzen, dann zur Seite stellen.

9/ Den gekühlten Plätzchenteig auf der bemehlten Arbeitsfläche zu einem Rechteck ausrollen. Mit der Zimtfüllung bestreichen. Den Teig längs aufrollen. Zum Schluss schneidet ihr die Rolle in dünne Scheiben. So in etwa ½ cm dünn.

10/ Den fertigen Boden mit den Glühweinkirschen vorsichtig mit den Teigscheiben belegen. Und jetzt ab damit wieder in den Ofen, zum letzten Mal, und zwar für 20 Minuten.

Lasst die Tarte dann ein bisschen abkühlen. Diese Glühweinkirschen können ganz schön heiß sein. Leider habe ich den Temperaturtest vor lauter Ungeduld mit meiner Zunge gemacht. Das war nicht so schön.

Matcha-
MADELEINES

Meine ungebrochene Liebe zu Frankreich und zu französischer Pâtisserie lässt es gar nicht anders zu. Ich muss dafür sorgen, dass diese französische Leckerei in euren Backöfen landet.

ZUBEREITUNG

Ihr braucht für dieses Rezept eine Madeleineform.

1/ Den Ofen auf 180 °C Ober-/Unterhitze vorheizen. Je nach Größe der Form reicht die Masse für 2 bis 3 Ladungen.

2/ In einem kleinen Töpfchen langsam die Butter schmelzen. Während das passiert, könnt ihr euch mit der Zubereitung des Teiges beschäftigen. Die geschmolzene Butter kommt ganz zum Schluss in die Masse.

3/ Zuerst die Eier verquirlen. So richtig schaumig. Nun nacheinander die restlichen Zutaten in die Schüssel geben und gut unterrühren. Ganz zum Schluss kommt dann die geschmolzene Butter dazu. Noch einmal fleißig umrühren, und ihr habt es geschafft.

4/ Mit einem Löffel ein Förmchen nach dem anderen befüllen und das Blech für 8 bis 10 Minuten in den Ofen stellen.

5/ Normalerweise rutschen die Madeleines ganz leicht aus der Form heraus, und ihr könnt die noch warme Form erneut einfetten und den nächsten Schwung in den Ofen geben.

6/ Die Madeleines selbst schmecken schon so gut, dass sie, bis auf Puderzucker, keine Deko mehr benötigen. Sie mögen es aber auch, wenn sie, wie auf meinem Bild, in weißen Schokoladenguss getaucht werden.

ZUTATEN

130 g Butter
4 Eier
1 TL Vanillezucker
150 g Puderzucker
1 Prise Salz
120 g Mehl
20 g Speisestärke
1 TL Backpulver
10 g Matcha-Tee Pulver
etwas Butter zum Einfetten der Madeleineform

Christmas-BABKA

Neben all der Fürsorge und Hilfe, die unsere Au-Pairs im Laufe der Jahre für meine Familie aufgebracht haben, sind natürlich auch ein paar sehr, sehr feine Leckereien aus ihren Heimatländern hängen geblieben. So seid ihr halt Weihnachten doch wieder bei uns ...

ZUTATEN

für den Hefeteig
230 ml lauwarme Milch
100 g weiche Butter
600 g Mehl
1 Päckchen Trockenhefe
70 g brauner Zucker
1 TL Salz
2 Eier

für die Füllung
1 Glas weihnachtliche Marmelade (z. B. S. 20)
250 g Plätzchenbrösel eurer Wahl
6 Äpfel

ZUBEREITUNG

Zwei kleine Information vorab: der Teig muss über Nacht in den Kühlschrank. Uuuuund: Aus dem Teig entstehen drei Babkas.

1/ Für den Teig in einem kleinen Topf Milch und Butter ganz, ganz sanft lauwarm schmelzen.
2/ Währenddessen das Mehl, die Hefe und den braunen Zucker in einer großen Schüssel miteinander vermischen.
3/ Die Milch mit der geschmolzenen Butter dazugeben, den TL Salz darüberstreuen, die Eier hineinschlagen und alles zu einer homogenen Masse verkneten. Muskelkraft oder Knethaken bleibt dabei euch überlassen
4/ Die Schüssel mit einer Frischhaltefolie abdecken und über Nacht in den Kühlschrank stellen.
5/ **Am nächsten Tag** den Hefeteig in 6 gleich große Stücke aufteilen und auf einer bemehlten Arbeitsfläche rechteckig ausrollen. Darauf kommt die Füllung: Jedes Rechteck mit der Marmelade bestreichen und die zerbröselten Plätzchen darüberstreuen.
6/ Jetzt ist es auch an der Zeit, euren Backofen auf 180 °C Ober-/Unterhitze vorzuheizen.
7/ **Für das Formen des Teigs** versuche ich nun, so bildlich ich nur kann, euch zu beschreiben, wie aus dem Teig ein Zopf wird. Falls ich das nicht so gut hinbekommen sollte, findet ihr auf meinem Blog ein Video dazu.
8/ Ihr rollt das erste bestrichene Rechteck an der langen Seite auf, sodass eine lange Wurst entsteht. Die kurzen Seiten sind dann der „Rand" der Wurst.
9/ Nun schlitzt ihr eure Rolle der Länge nach ein paar Millimeter tief auf. Nicht quer. Schön über die gaaaanze laaaange Strecke. Das macht ihr mit allen 6.
10/ Im nächsten Schritt machen wir aus den 6 Würsten drei Zöpfe.
11/ Dazu legt ihr 2 Würste nebeneinander. Die beiden Enden, die vor euch liegen, übereinanderschlagen. Das rechte über das linke, und dann immer das untere über das obere. Das macht ihr, bis die Wurst zuende ist. So wird dann ein Zopf daraus.
12/ Auf einem Backblech mit Backpapier aus jedem Zopf einen Kranz formen. Auf das Loch in der Mitte setzt ihr jeweils einen Apfel.
13/ Die Babkas können nun für etwa 17 bis 20 Minuten in den Ofen.

Lebkuchen- BROWNIES

Diese weihnachtlich-schokoladige Verführung geht so fix und zieht jeden, der in die Nähe der Brownies kommt, in seinen Bann. Wer kann schon Schokolade widerstehen?

ZUTATEN

300 g Zartbitterschokolade
100 g Vollmilchschokolade
450 g Zucker
6 Eier
2 Päckchen Vanillezucker
340 g Mehl
½ TL Zimt
1 TL Lebkuchengewürz
1 Prise Salz
1 Päckchen Schoko-Tropfen
2 zerbröselte Lebkuchen

ZUBEREITUNG

1/ Den Ofen auf 200 °C Ober-/Unterhitze vorheizen.

2/ Die beiden Schokoladensorten zusammen im Wasserbad schmelzen.

3/ Während die Schoki vor sich hin schmilzt, in einer Schüssel den Zucker mit den Eiern und dem Vanillezucker schaumig schlagen.

4/ Wenn alles schön schaumig geschlagen ist, nacheinander das Mehl, den Zimt, das Lebkuchengewürz und die Prise Salz einrühren.

5/ Nun die geschmolzene Schoki unter den Teig heben. Danach dürfen sich dann noch die Schoko-Tropfen und die zerbröselten Lebkuchen dazugesellen.

6/ Legt euer Backblech mit Backpapier aus und verteilt den Teig darauf. Nach 20 Minuten im kuschelig warmen Ofen sind die Brownies fertig.

7/ Ein bisschen Geduld zum Abkühlen ist dann doch noch angesagt, bis ihr eure leckeren Weihnachts-Brownies genießen könnt.

8/ Um die kleinen Brownies hübsch zu dekorieren, habe ich Lebkuchenhäuser genommen. Bei den Plätzchen findet ihr ein Rezept, wie diese Häuschen ganz einfach selbst zu machen sind (S. 85).

Christmas- MADELEINES

Oder wie die Franzosen sagen würden: Madeleines de Noël.

ZUTATEN

60 g Zucker
1 Päckchen Vanillezucker
2 Eier
1 EL Honig
rote Lebensmittelfarbe
80 g Mehl
1 TL Backpulver
115 g geschmolzene Butter
2 EL Milch

FÜR ZWEI MADELEINES-BLECHE

ZUBEREITUNG

Ihr benötigt dafür eine Madeleinesform. Und noch eine wichtige Info: Der Teig kommt über Nacht in den Kühlschrank.

1/ In einer Schüssel zuerst Zucker, Vanillezucker und Eier schaumig rühren. Den Honig und die Lebensmittelfarbe dazugeben. Wieviel Farbe, entscheidet ihr selbst. Je nachdem, wie rot ihr die Madeleines gerne haben würdet.
2/ Weiter geht's mit Mehl. Mit dem Backpulver vermischen und schön einrühren. Danach die geschmolzene Butter und die Milch zur Masse geben und gut verrühren.
3/ Die Schüssel mit einer Frischhaltefolie abdecken und über Nacht in den Kühlschrank stellen.

Ihr könnt den Teig natürlich auch schon morgens machen und dann am Abend frische Madeleines genießen. Oder spricht irgendwas gegen Madeleines zum Abendessen? Ich denke nicht.

4/ Den Backofen auf 200 °C Ober-/Unterhitze vorheizen.
5/ Nehmt eure gut eingefettete Madeleinesform und füllt mit einem Löffel den Teig hinein.
6/ Die Backzeit beträgt etwa 11 bis 13 Minuten.
7/ Mit Puderzucker berieselt schmecken die Madeleines gleich noch viiiiel besser.

Crème-brûlée-TARTE

Wenn du denkst, es geht nicht mehr, kommt irgendwo ein Crème brûléechen her. Leider habe ich gleich zu Beginn eine weniger gute Info für euch. Die Tarte muss über Nacht in den Kühlschrank. Eure Gelüste auf diese weihnachtliche Nascherei werden also auf eine harte Probe gestellt.

ZUBEREITUNG

1/ **Für die Pflaumenfüllung** in einem Topf die geviertelten Pflaumen, Apfelsaft und Zimt miteinander verrühren und kurz aufkochen, dann für etwa 20 Minuten köcheln lassen. Am Ende die Speisestärke mit etwas Wasser anrühren, zu den Pflaumen geben und alles noch einmal gut verrühren.

Kurze Zwischeninformation: Die Pflaumen kommen nachher auf den warmen Tarteboden, und dann wird die Tarte noch einmal gebacken. Aber erstmal machen wir den Tarteboden.

2/ **Für den Tarteboden** alle Zutaten in einer Schüssel gut miteinander verkneten. Den Teig in Folie wickeln und für etwa 30 Minuten in den Kühlschrank legen.

3/ Danach den Backofen auf 180 °C Ober-/Unterhitze vorheizen.

4/ Auf einer gut bemehlten Arbeitsfläche den Teig etwa 3 mm dick ausrollen und dann in die Tarteform legen. Den Rand ein bisschen nach oben ziehen. Mit einer Gabel großzügig Löcher in den Boden stechen und diesen dann für 10 Minuten, zum Blindbacken (s. S. 7), in den Ofen geben.

5/ **Für die Creme** Blattgelatine in etwas Wasser einweichen lassen. In der Zwischenzeit die Sahne, den braunen Zucker und den Vanillezucker einkochen, bis sich die Flüssigkeit um etwa ein Drittel reduziert hat. Nun kommt die eingeweichte Blattgelatine dazu. Sobald sich die Gelatine aufgelöst hat, den Topf vom Herd nehmen und abkühlen lassen.

6/ **Auf dem fertigen Mürbteigboden** die Pflaumenmasse verteilen und die Tarte noch einmal 10 Minuten backen.

7/ Jetzt den Mascarpone unter die handwarme Sahne heben.

8/ Die Tarte im Backofen etwas abkühlen lassen und dann die Creme darauf verteilen. Jetzt wird nichts mehr gebacken, sondern nur noch gekühlt. Also ab damit in den Kühlschrank. Am besten über Nacht.

9/ **Bevor ihr die Tarte serviert**, streut etwas Zucker darüber und karamellisiert sie mit dem Brenner. Dieses Knacken wird Musik für eure Ohren sein. Bevor ihr die Symphonie in eurem Mund erlebt.
Die ursprüngliche Idee war eine Tarte mit Pflaumen. Zuerst hat mir diese Tarte beim Fotografieren nicht gefallen. Es hat irgendwas gefehlt. So entstand die Idee, eine Crème brûlée auf die Tarte zu setzen. Und siehe da: ein wunderschönes Foto und ein wunderbarer Geschmack.

ZUTATEN

für den Tarteboden
180 g Mehl
120 g weiche Butter
40 g Puderzucker
1 Päckchen Vanillezucker
1 Ei

für die Pflaumenfüllung
400 g Pflaumen, geviertelt
200 ml naturtrüber Apfelsaft
1 gehäufter TL Zimt
1 gehäufter TL Speisestärke

für die Creme
4 Blatt Gelatine
500 ml Sahne
80 g brauner Zucker
1 Päckchen Vanillezucker
150 g Mascarpone
extra Zucker zum Flambieren

Lebkuchen-
KÄSEKUCHEN

Genau der richtige Kuchen für alle, die weder auf das eine noch das andere verzichten möchten.

ZUTATEN

für den Boden
300 g Mehl
130 g Butter
70 g brauner Zucker
2 EL Ahornsirup
1 TL Backpulver
2 TL Lebkuchengewürz
1 Prise Salz
45 g Kakao
100 g Vollmilchschokolade
2 Eier

für die Käsekuchen-Füllung (Grundfüllung)
250 g Mascarpone
250 g Magerquark
100 g Frischkäse
150 g Zucker
1 TL Zimt
1 Päckchen Vanillezucker
40 g Speisestärke
3 Eier

für die Kakao-Füllung
50 g Kakao
2 EL Ahornsirup
1 TL Lebkuchengewürz
1 Lebkuchen
50 g Vollmilchschokolade
40 ml Milch

ZUBEREITUNG

Bevor es losgeht, erklär ich euch noch ein bisschen was zu diesem herrlichen Käsekuchen: Ihr könnt den Kuchen entweder in einer 20er oder 26er Springform machen. Wenn ihr eine 20er benutzt, dann solltet ihr eine hohe Form nehmen, da es sonst zu viel Teig ist.

Bei der Füllung bereiten wir zuerst eine „Grundfüllung" vor. Diese wird dann aufgeteilt, und ein Teil davon wird weiterverarbeitet. Nur damit ihr das schon mal gehört habt. Mehr dazu später im Rezept.

1/ **Für den Boden** brauchen wir noch keinen Backofen, der muss zuerst in den Kühlschrank. Zuerst in einem Wasserbad die Schoki schmelzen. Währenddessen in einer Schüssel schon Butter und Zucker schaumig schlagen. Dann nacheinander Mehl, Backpulver, Lebkuchengewürz, Salz, Kakao, Ahornsirup und zuletzt die Eier einrühren.

2/ Jetzt kommt die geschmolzene Schokolade dazu. Dann die Masse in eure mit Backpapier ausgelegte Springform geben, sie noch ein bisschen am Boden festdrücken und den Rand etwas nach oben ziehen. 1 Stunde in den Kühlschrank stellen, inzwischen die Füllungen zubereiten.

3/ **Käsekuchenfüllungen** gehen immer so einfach. Schnappt euch eine Schüssel und verrührt alle Zutaten der Grundfüllung gut miteinander.

4/ Die Hälfte dieser Masse in eine andere Schüssel umfüllen. Die eine Hälfte hat es schon geschafft und wird zur Seite gestellt, die andere Hälfte bekommt noch Gesellschaft von weiteren Zutaten.

5/ **Für die Kakaofüllung** brauchen wir wieder ein Wasserbad, um die Schokolade zu schmelzen. Bei 50 g geht das recht schnell.

6/ In der Zeit in die eine Hälfte der Grundfüllung Kakao, Lebkuchengewürz, Milch und Ahornsirup einrühren. Danach einen Lebkuchen hineinbröseln, die geschmolzene Schokolade dazugeben und alles gut verrühren.

7/ Ihr solltet nun zwei Schüsseln mit Masse dastehen haben. Eine helle und eine dunkle. Und wenn alles richtig gelaufen ist sollte im Kühlschrank noch die Springform mit dem Boden stehen. Die nehmt ihr jetzt heraus.

➝

➳

8/ Den Backofen auf 180 °C Ober-/Unterhitze vorheizen.

9/ Jetzt stehen vor euch zwei Schüsseln und eine Springform mit dem Boden. Auf diesen Boden löffelt ihr nun abwechselnd einen Esslöffel helle Masse und einen Esslöffel dunkle Masse. Einfach in die Mitte des Bodens. Die gemischte Masse verteilt sich alleine über den ganzen Boden, wenn erstmal ein paar Löffel drin sind. Es wird solange gelöffelt, bis keine Masse mehr in den Schüsseln ist. Das ergibt hinterher ein schönes Muster im Kuchen.

10/ Eine Stunde backen. Der Kuchen darf auch noch leicht wabbelig sein, wenn er aus dem Backofen kommt. Ich lasse den Kuchen immer bei geöffneter Backofentür auskühlen. So bekommt er eine schöne, cremige Konsistenz, die beim Essen ein wunderbares „mmmmh-Gefühl“ im Mund hervorruft.

Dominostein TORTE

Dominosteine sind seit meiner Kindheit meine treuen Weggefährten durch die Weihnachtszeit. Für meine kleinen Kinderhände waren sie auch super. Aber jetzt bin ich groß und hab eine ganze Torte verdient.

ZUTATEN

für die Böden

90 g Butter
90 g flüssiger Honig
60 g Zuckerrübensirup (z.B. Grafschafter Goldsaft)
100 g Zartbitterschokolade
100 g Vollmilchschokolade
300 g Mehl
2 TL Lebkuchengewürz
10 g Backpulver
1 Prise Salz
2 Eier

Die angegebene Menge ist für einen ganzen „Kuchen", der nach dem Backen in drei Böden aufgeteilt wird.

für die Marzipanschicht

400 g Marzipan-Rohmasse
2 EL Amaretto

für die Gelee-Schicht

6 Blätter Gelatine
800 g Weihnachts-Marmelade (Aprikose geht auch)

für den Guss

200 g Zartbitterschokolade

ZUBEREITUNG

Wie ihr schon an den Zutaten seht, müsst ihr die einzelnen Schichten zubereiten und danach zusammensetzen.

1/ **Für die Böden** braucht ihr eine 20er Springform, deren Boden ihr mit Backpapier auslegt.

2/ Den Backofen auf 180 °C Ober-/Unterhitze vorheizen.

3/ Der Teig ist der gleiche wie für die Lebkuchenhäuser. Ihr findet das Rezept auf S. 85.

4/ Die sämige Masse gebt ihr dann in die Springform und schiebt sie für 35–40 Minuten in den Ofen. Wie oben erwähnt, wird erstmal ein ganzer Kuchen gebacken. Während der Backzeit können wir die Marzipanschicht machen. Die Stäbchenprobe zeigt euch, wann ihr den Kuchen herausnehmen könnt. Sobald der Kuchen aus dem Ofen kommt, gleich aus der Springform lösen.

5/ **Für die Marzipanschicht** braucht ihr eine kleine Schüssel und Frischhaltefolie. Das Marzipan in Fetzen reißen; dann Amaretto dazugeben und gut verkneten. Die Masse in zwei Teile aufteilen und zu Kugeln formen. Eine Stunde kühl stellen.

6/ Ein Stück der Frischhaltefolie auf der Arbeitsfläche auslegen und darauf den ersten Teil der Masse etwa 5 mm dick ausrollen. Dann mit dem Rand der Springform einen Ring ausstechen. Der überschüssige Rand sollte sicherheitshalber genascht werden, bevor das jemand anders macht. Mit dem zweiten Teil der Masse macht ihr genau das Gleiche. Inklusive naschen.

7/ **Weiter geht's dann mit dem Gelee:** In einer kleinen Schale die Blattgelatine in Wasser einweichen. Eure Lieblingsmarmelade in einem Töpfchen erwärmen und die eingeweichte Gelatine darin auflösen. Den Herd abschalten, das Töpfchen stehen lassen.

8/ **Für das Zusammensetzen der Torte** brauchen wir einen Tortenring. Schneidet den Kuchen in drei gleich starke Bodenteile. Den ersten Boden setzt ihr in den Tortenring und legt darauf die erste Marzipanscheibe. Diese wird dann mit der Marmelade bestrichen. Und schon kommt der zweite Boden darauf. Darauf die zweite Marzipanscheibe und wieder eure Lieblingsmarmelade. Nun noch den letzten Boden als. Deckel drauf und ab damit für eine gute Stunde in den Kühlschrank.

→

➻

9/ **Für den Schokoguss** die Schokolade zusammen mit der Sahne in einem Wasserbad schmelzen. Die Torte aus dem Kühlschrank holen und den Tortenring abnehmen. Die Torte mit der Schokolade überziehen. Oder den Guss einfach oben in die Mitte geben und zuschauen, wie er über die Torte läuft. Auch sehr entspannend.

10/ Jetzt darf die Torte ein letztes Mal in den Kühlschrank. Und danach will ich sie nur noch auf euren Tellern und den Tellern eurer Gäste sehen. Genießt euren riiiiiiesen Dominostein mit jedem Bissen. So wie ich ...

Lebkuchen-
CUPCAKES

Früher, als ich noch jung war, habe ich diese Cupcakes gerne für die Kinder gemacht, wenn Weihnachtsfeiern im Kindergarten oder in der Grundschule waren. Jetzt, wo ich nur noch mittel-jung bin, mach ich sie noch immer gerne für uns zuhause.

ZUTATEN

für die Cupcakes
115 g gesalzene Butter
100 g brauner Zucker
1 Päckchen Vanillezucker
180 g Mehl
1 TL Backpulver
½ TL Natron
¼ TL Salz
80 ml Milch
120 g Zuckerrübensirup (z.B. Grafschafter Goldsaft)
1 Ei

Die angegebene Menge reicht für 1 Blech.

für das Frosting
225 g gesalzene Butter
200 g Puderzucker
1 Päckchen Vanillezucker
1 TL Zimt
2 EL Ahornsirup
100 g Frischkäse

ZUBEREITUNG

1/ **Für die Cupcakes** braucht ihr ein Muffin-Blech und Muffin-Papierförmchen. Den Backofen auf auf 180 °C Ober-/Unterhitze vorheizen.

2/ Die Rührschüssel freut sich jetzt auf die gesalzene Butter, Vanillezucker und braunen Zucker. Schön schaumig schlagen. Mehl, Backpulver, Natron, Salz, Milch, Rübensirup und das Ei dazugeben. Alles gut miteinander verrühren.

3/ Das Muffin-Blech mit den kleinen Papierförmchen bestücken und diese zu ¾ mit Teigmasse befüllen. Nach 18–22 Minuten sind die kleinen, saftigen Freunde fertig und warten nur noch auf ihr Frosting.

4/ **Für das Frosting** in einem Topf vorsichtig die gesalzene Butter schmelzen, bis sie leicht bräunlich Bläschen schlägt. In eine Rührschüssel gießen und abkühlen lassen.

5/ Durch ein Sieb den Puderzucker auf die Butter in der Schüssel rieseln lassen. Gut verrühren. Jetzt Vanillezucker, Zimt und Ahornsirup einrühren. Zum Schluss Frischkäse hinzugeben und alles gut vermischen. Das Frosting sollte nun so fest sein, dass ihr es mit einem Spritzbeutel auf die Cupcakes geben könnt, ohne dass es aus der Form gerät oder davonläuft. Ich hab viel daran getüftelt. Wenn es noch nicht passt, könnt ihr noch etwas Puderzucker und/oder Frischkäse einrühren.

6/ Die Masse in einen Spritzbeutel füllen und die Cupcakes nach Herzenslust dekorieren.
Die Kinder mochten es immer sehr, wenn ich kleine Lebkuchenmännchen ins Frosting gesteckt habe. Falls ich mal keine hatte, freuten sie sich genau so sehr über kleine Lebkuchenherzen.

Liebe Leserin, lieber Leser,
gerne informieren wir Sie künftig über unsere Neuerscheinungen. Teilen Sie uns mit, für welche Themen Sie sich interessieren und schicken Sie einfach diese Karte zurück. Wenn Sie außerdem unsere Fragen auf der Rückseite beantworten, helfen Sie uns, zukünftig genau DIE Bücher zu machen, die Sie interessieren!

Darüber hinaus nehmen Sie an unserer **monatlichen Verlosung** teil! Die Gewinnerin/der Gewinner erhält Bücher zu den angekreuzten Themen im Wert von € 50,–

VORNAME / NAME

STRASSE / HAUSNUMMER

PLZ / ORT

Unsere AGBs samt Liefer- und Zahlungsbedingungen finden Sie unter www.verlagsgruppe-patmos.de

An die

VERLAGSGRUPPE PATMOS

Senefelderstraße 12
73760 Ostfildern

PAVLOVA
mit Glühweinbirnen

In meinem ersten Buch habe ich euch schon das süße Nationalgericht der Australier und Neuseeländer vorgestellt. Nun gibt es die Pavlova auch in weihnachtlicher Form. Schließlich wird am anderen Ende der Welt ja auch Weihnachten gefeiert.

ZUBEREITUNG

1/ **Beim Baiser** heißt es Achtung, ihr Lieben! Wir brauchen zwei Baisers: einen Boden und einen Deckel. Die Menge aus dem Rezept reicht dafür aus. Den Ofen auf 100 °C Umluft vorheizen.

2/ In einer Schüssel das Eiweiß zusammen mit dem Zucker und dem Vanillezucker schaumig rühren. Das dauert mit einer Küchenmaschine etwa 5 Minuten.

3/ Auf einem Backblech mit Backpapier aus der Baiser-Masse zwei Kreise von jeweils etwa 20 Zentimetern Durchmesser formen. Der eine Kreis sollte etwas ebener sein, das wird der Boden, und der andere darf ruhig eine wilde Struktur haben. Das wird der Deckel.

4/ Die Backzeit für die Baisers beträgt 90 bis 100 Minuten. Während der Backzeit den Ofen nicht öffnen! Beobachtet die Baisers nur durch die Scheibe eures Backofens. Vertraut mir. Er wird perfekt. Sobald sie sich oben ganz leicht braun verfärben, den Ofen ausschalten, die Türe öffnen und den Baiser dort auskühlen lassen. Und neeeein. Ihr dürft noch immer nicht testen, wie fest er ist. Er steht jetzt einfach rum und sieht gut aus.

5/ **Für die Glühweinbirnen** die Birnen schälen, aber ganz lassen. Den Glühwein in einen Topf füllen und kurz aufkochen lassen. Die vier Birnen in den noch heißen Glühwein stellen und für etwa eine Stunde bei mittlerer Hitze darin ziehen lassen. Ich habe den Boden der Birnen abgeschnitten, damit sie gerade stehen. Der Glühwein kocht dabei zu einem Sud ein. Diesen aufheben, er kommt am Ende über die Pavlova

6/ **Für die Creme** die Sahne mit dem Vanillezucker steif schlagen und den Mascarpone unterziehen, bis ihr eine cremige Masse habt.

7/ **Für die Pavlova** die Mascarpone-Creme auf dem Baiser-Boden verteilen. Den Deckel darauflegen und die Birnen obendrauf setzen. Jetzt noch ein bisschen gehackte Nüsschen darauf verteilen, den übrig geblieben Sud darauf tropfen lassen, und schon ist eure Weihnachts-Pavlova fertig.

ZUTATEN

für den Baiser
4 Eiweiß
200 g Zucker
1 Päckchen Vanillezucker
Die angegebene Menge wird in „Baiserboden" und „Baiserdeckel" aufgeteilt; mehr dazu im Rezept.

für die Rotweinbirnen
4 reife Birnen mit Stiel
750 ml roter Glühwein (alkoholfreier Punsch geht auch)

für die Creme
200 ml Schlagsahne
1 Päckchen Vanillezucker
250 g Mascarpone

Plätzchen

Vanille- KIPFERL

Diese Plätzchen und viele andere habe ich jedes Jahr zusammen mit meinen Kindern gebacken, als sie noch klein waren. Inklusive explodierenden Mehlpäckchen, mit Teigresten verklebten Haaren und einer Küche, die danach von Grund auf geputzt werden musste. Wir haben jede Sekunde davon unseren Spaß gehabt. Mehrfach. Da wir regelmäßig für Nachschub gesorgt haben.

ZUBEREITUNG

Und nun beschreibe ich euch, wie wir als kleine Chaos-Back-Gang jede Menge Spaß beim Backen hatten.

1/ Zuerst wurde das Mehl auf die Arbeitsfläche gesiebt. Selten blieb es „auf der Arbeitsfläche". Danach wurden durch das Sieb nacheinander Backpulver, Puderzucker und Vanillezucker auf dem Mehl verteilt.

2/ In das Mehl habe ich mittig eine Mulde gedrückt. Nun durfte die eine das Wasser, die nächste die Margarine und die dritte die gemahlenen Mandeln in die Mulde kippen.

3/ Als nächstes waren sechs kleine Hände eifrig dabei, alles zu verkneten und den Teig zu einer Kugel zu formen. Dies klappte meistens ohne größere körperliche Verletzungen. Um psychischen Schäden meinerseits vorzugbeugen, hatte ich immer eine Tasse Glühwein zur Hand.

4/ Die Kugel wurde mit Frischhaltefolie abgedeckt und für 2 bis 3 Stunden in den Kühlschrank gestellt.

5/ Den Backofen heizten wir auf 180 °C Ober-/Unterhitze vor.

6/ Aus dem gekühlten Teig formten wir eine gaaanz laaange, ca. 3 cm dicke Wurst. Davon haben wir etwa 1 cm breite Schreiben abgeschnitten. Diese Scheiben wurden von den lauthals Weihnachtslieder mitsingenden Kindern zu lauter kleinen Würsten geformt und in Halbmondform auf das Backblech mit Backpapier gelegt. Mal größer, mal kleiner, mal dünner, mal dicker. Aber darum ging's uns nicht. Wir hatten Spaß.

7/ Das Backblech haben wir dann für 12 Minuten in den vorgeheizten Backofen gegeben. In der Zwischenzeit haben die Kinder das nächste Blech belegt.

8/ Nebenbei habe ich Vanillezucker und Puderzucker in einer kleinen Schüssel gut vermischt. Wenn die erste Runde aus dem Ofen kam, haben wir die noch warmen Kipferl sofort in der Zucker-Mischung gewälzt. Oder bestreut. Da hatte jede ihre eigene Technik. Was sie aber alle gemein hatten: Alle drei haben die ersten Kipferl sofort genascht.

ZUTATEN

für den Teig
500 g Mehl
2 TL Backpulver
130 g Puderzucker
2 Päckchen Vanillezucker
6 EL Wasser
300 g Margarine
130 g gemahlene Mandeln

Diese Menge ergibt, je nach Größe der Kipferl, ca 2 bis 3 Bleche

zum Wälzen oder Bestäuben
2 EL Puderzucker

Marmeladen-PLÄTZCHEN VON MAMA

*Mein Backbuch wäre einfach nicht vollkommen, wenn ich nicht mindestens ein Rezept meiner Mama mit aufnehmen würde.
Et voilà. Eine meiner schönsten gebackenen Kindheitserinnerungen.*

ZUTATEN

600 g Mehl
4 TL Backpulver (gestrichen)
200 g Puderzucker
(+ Puderzucker zum Dekorieren)
2 Päckchen Vanillezucker
2 Eier
300 g Margarine
ein Glas eurer Lieblingsmarmelade (oder von meiner: S. 20)

ZUBEREITUNG

Den Backofen brauchen wir erst, nachdem der Teig fertig geruht hat. Auch hier erinnere ich mich zu gerne daran, wie meine Mama mit mir und meinen beiden Schwestern gebacken hat. Unsere Aufgabe war es dabei auch immer, darauf zu achten, dass die unteren und oberen Teile der Plätzchen auch immer die gleiche Anzahl hatten. Ach war das schön … Aber bevor ich hier in Erinnerungen schwelge, fangt ihr mal an.

1/ Zuerst wird das Mehl auf der Arbeitsfläche verteilt. Darüber Backpulver, Puderzucker und Vanillezucker geben. Ein kleines Loch in die Mitte des Mehls drücken. Die Eier und die Margarine hineingeben. Alles miteinander vermengen, bis ein fester Teig entsteht. Diesen Teig nun in eine Schüssel geben, mit einer Frischhaltefolie abdecken und für eine Stunde in den Kühlschrank stellen. Plätzchen machen geht doch wirklich so herrlich einfach.

2/ Wenn der Teig aus dem Kühlschrank kommt, den Backofen auf 180 °C Ober-/Unterhitze vorheizen.

3/ Den Teig in drei etwa gleich große Teile teilen. Nun die Arbeitsfläche bemehlen und den ersten Teil des Teigs darauf nicht zu dick ausrollen. Und schon geht's ans Ausstechen. Ich persönlich nehme am liebsten eine runde, geschlossene Form für den Boden und eine mit einer runden Öffnung für den oberen Teil. Da dürft ihr aber eurer Fantasie freien Lauf lassen.

4/ Einfach so viele Plätzchen ausstehen, wie ihr aus dem Teig rausbekommt, und jedes Blech für 8 bis 10 Minuten backen. Nachdem die Plätzchen abgekühlt sind, könnt ihr den Boden mit eurer Lieblingsmarmelade bestreichen und den oberen Teil daraufsetzen. Dann kommt nur noch Puderzucker darüber, und schon kommt ihr in den Genuss einer meiner liebsten Kindheitserinnerungen.

Schokoladen-PLÄTZCHEN

Die Lieblingsplätzchen meiner Oma. Zum Glück habe ich zufällig den kleinen Zettel mit dem handgeschriebenen Originalrezept von ihr gefunden und auch gleich nachgebacken. Sie wäre sicher stolz auf ihre Urenkel, wie auf uns damals, wenn sie sehen würde, wie fleißig sie diese feinen Plätzchen verputzen.

ZUTATEN

für die Plätzchen

- 500 g Mehl
- 150 g Puderzucker
- 2 TL Backpulver (gestrichen)
- 2 Päckchen Vanillezucker
- 2 Eier
- 2 EL Milch
- 250 g Butter (Zimmertemperatur)

für die Füllung

- 120 g Kokosfett
- 70 g Puderzucker
- 30 g Kakao
- 1 Päckchen Vanillezucker
- 1 Ei

für die Deko

- 1 Packung Schokoladenguss

ZUBEREITUNG

1/ **Für den Plätzchenteig** alle Zutaten in eine Rührschüssel geben und, falls vorhanden, eure Küchenmaschine mit Rührhaken die Arbeit tun lassen. Wenn der Teig gut durchgeknetet und fest ist, eine Frischhaltefolie über die Schüssel legen und sie für etwa eine Stunde in den Kühlschrank stellen.

2/ Danach den Ofen auf 180 °C Ober-/Unterhitze vorheizen.

3/ Den Teig in drei Teile aufteilen; einen Teil ausrollen, kleine, runde Plätzchen ausstechen und diese auf einem Backblecht mit Backpapier platzieren. Pro Runde brauchen die süßen Dinger etwa 10 Minuten im Ofen. Danach abkühlen lassen und den nächsten Teil ausrollen.

4/ **Die Füllung** bereite ich am liebsten in einem Topf zu. Zuerst das Kokosfett langsam schmelzen lassen (nicht zu heiß), Puderzucker und Kakao hineinsieben und alles gut verrühren. Es reicht, wenn die Masse lauwarm ist. Nun noch Vanillezucker und das Ei einrühren, und schon ist die Füllung fertig.

5/ **Beim Zusammenbauen** eins der abgekühlten Plätzchen mit der lauwarmen Füllung bestreichen und ein anderes, nicht bestrichenes Plätzchen obendrauf legen. Das Ganze darf dann so lange rumliegen, bis die Plätzchen nicht mehr auseinanderrutschen. Am besten testet ihr das, indem ihr ein Plätzchen nascht.

6/ **Dann machen wir noch die Deko.** Das geht aber auch ganz fix. Den Schokoladenguss nach Packungsanweisung zubereiten und die Plätzchen bis zur Hälfte in den Guss tunken. Das erste Plätzchen muss natürlich wieder getestet werden. Nun nur noch den Guss fest werden lassen, und schon könnt ihr die Plätzchen in einer Blechdose verstauen.

Marzipan- KOKOSMAKRONEN

Ich so: „Hm, lecker Marzipan!". Der Rest meiner Familie so: „Wäh, Marzipan!" Ich kann sie da beim besten Willen nicht verstehen. Aber gut. Bleibt mehr für mich.

ZUTATEN

3 Eiweiß
125 g Puderzucker
200 g Marzipan
85 g Kokosraspeln
etwas Zitronensaft
2 EL Rum

ZUBEREITUNG

1/ Den Backofen auf 175 Grad Ober-/Unterhitze vorheizen.

2/ Kokosmakronen gehen ja superfix und machen ganz wenig Sauerei. Ich finde das ist auch mal erwähnenswert.
Los geht's mit dem Steifschlagen des Eiweiß. Wenn das geschafft ist, den Puderzucker unterheben und alles nochmal 5 Minuten verrühren. Als nächstes wird das Marzipan ganz klein gehackt und kommt in die Masse. Wieder schön verrühren. Jetzt die Kokosraspeln reinrieseln lassen und fleißig rühren. Zu guter Letzt den Zitronensaft und den Rum dazugeben und rühren, rühren, rühren.

3/ Die fertige Masse in einen Spritzbeutel mit Sterntülle füllen und kleine, hübsche Marzipan-Kokosmakronen-Rohlinge auf ein mit Backpapier ausgelegtes Backblech spritzen.

4/ Wenn das Backblech voll ist, dürfen die kleinen Racker für etwa 20 Minuten in den Backofen.

5/ Nach dem Abkühlen bleiben sie in einer Blechdose über Wochen schön saftig. Aber wer hebt Kokosmakronen schon wochenlang auf?

Kokos- MAKRONEN

Da meine Familie ja, unverständlicherweise, so eine Abneigung gegen Marzipan hat und ich kein Unmensch bin, gibt es für den Rest der Familie auch Kokosmakronen ohne Marzipan.

ZUBEREITUNG

Diese Kokosmakronen werden allerdings ein bisschen anders zubereitet als ihre Kollegen mit Marzipan.

1/ Den Backofen auf 175 Grad Ober-/Unterhitze vorheizen.
2/ In einem Topf Eiweiß erwärmen (auf keinen Fall kochen) und Puderzucker unter ständigem Einsatz eines Schneebesens in Höchstgeschwindigkeit einrühren. Dann den Topf vom Herd nehmen, die Kokosflocken mit einem Teigschaber einrühren und etwa 2 Minuten eindicken lassen, bis sich eine zähflüssige Masse ergibt.
3/ Mit einem Löffel kleine Kokosberge auf den Oblaten platzieren und das Blech für ca. 14 Minuten in den Backofen geben. Beobachtet die kleinen Kokosberge bitte etwas im Ofen. Sobald die Spitzen leicht goldbraun werden, könnt ihr sie aus dem Ofen nehmen. Sonst werden sie zu Steinen.

ZUTATEN

4 Eiweiß
180 g Puderzucker
220 g Kokosraspeln
kleine Oblaten

Belindas KOKOSBÄLLCHEN

Leider gibt es meine Lieblingsnascherei im Winter nicht zu kaufen. Also was bleibt mir anderes übrig, als sie selbst zu machen?

ZUTATEN

250 ml Sahne
600 g weiße Schokolade
150 g Kokosflocken
Kokosflocken zum Wälzen

ZUBEREITUNG

Diese kleine Kokosnascherei ist schnell und einfach hergestellt. Wenn da nur die Abkühlzeit nicht wäre ... Ihr wisst ja: Geduld ist bei solchen Sachen nicht meine Stärke.

1/ In einem kleinen Topf die Sahne mit der Schokolade langsam zum Schmelzen bringen. Nicht zu schnell bzw. zu heiß, sonst schmeckt die Schoki nicht mehr gut!
2/ Den Topf vom Herd nehmen und die Kokosflocken einrühren.
3/ Und jetzt kommt der mental anstrengende Teil. Der abgedeckte Topf muss ÜBER NACHT in den Kühlschrank, damit die Masse fest wird. ÜBER NACHT!! Ich persönlich mache sie halt immer am Abend, damit ich nicht so oft voller Sehnsucht am Kühlschrank vorbeilaufen muss.
4/ Am nächsten Tag schnappt ihr euch den Topf, formt mit Hilfe eines Löffels portionsweise kleine Kügelchen und wälzt diese in Kokosflocken. Dann legt ihr abwechselnd eins in eine Blechdose und eins in euren Mund. Die Blechdose bewahrt ihr am besten im Kühlschrank auf.

Dunkle Schokoladenkekse
MIT KARAMELL

Als ich meinen Mann mit darüber gesprochen habe, welche Rezepte in mein neues Buch sollen, waren wir uns bei diesen Keksen sofort einig. Wir hatten beide den gleichen Gedanken: Diese Kekse schmecken unserem ganz, ganz guten Freund Manfred bestimmt. Und wer weiß? Vielleicht bekommst du sie ja auch mal nicht von uns, sondern zuhause ganz frisch aus dem Ofen von Yvonne.

ZUBEREITUNG

1/ **Für den Teig** in einer Schüssel Butter und Zucker schaumig rühren. Danach den Vanillezucker und das Eigelb hinzugeben und die Schüssel zur Seite stellen.

2/ In einer weiteren Schüssel das Mehl, den Kakao und das Salz mischen. Diese Mischung in die Buttermasse einrühren. Falls der Teig zu klebrig ist, einen Notfalllöffel Wasser hinzugeben.

3/ Die Schüssel mit einer Frischhaltefolie abdecken und für etwa eine Stunde in den Kühlschrank stellen.

4/ Den gekühlten Teig auf einer bemehlten Arbeitsfläche etwa 1,5 cm dick ausrollen. Danach wird ausgestochen. Eckig, oval, rund, Herzen. Was immer ihr möchtet. Falls ihr Ausstecher habt, die eine Vertiefung in der Mitte haben, nehmt die. Dann ist gleich Platz für das Karamell. Falls nicht, tut es auch ein kleiner Druck mit dem Daumen, um eine Mulde zu formen. Die Kekse auf ein Backblech legen und für etwa 15 Minuten kühl stellen.

5/ Den Ofen auf 180 °C Ober-/Unterhitze vorheizen, dann die Kekse etwa 10–12 Minuten backen.

6/ **Für das Karamell** das Wasser und den Zucker in einem Töpfchen zum Kochen bringen. Dabei fleißig rühren. Die kochende Zuckermasse auf mittlere Hitze herunterschalten und nicht mehr rühren. Weiter köcheln lassen, bis die Masse eine goldbraune Farbe bekommt. Das dauert ca. 12–14 Minuten. Ganz wichtig dabei: nicht mehr rühren! Jetzt den Topf vom Herd nehmen und die Butter unterrühren. Nun kommt portionsweise die Sahne und zuletzt das Salz dazu. Dabei immer wieder rühren. Das Karamell sollte nach dem Auskühlen zähflüssig sein.

7/ **Beim Herausnehmen der Kekse** nochmal leicht mit dem Daumen in die Mulde drücken, da die Kekse beim Backen etwas aufgehen. Das Karamell in die Mulde füllen.

Ich hoffe natürlich, dass nicht nur unsere beiden besonderen Freunde diese Kekse lieben werden, sondern, dass ich mit diesem Rezept ganz viele von euch glücklich machen kann.

ZUTATEN

für den Teig
225 g weiche Butter
200 g Zucker
1 TL Vanillezucker
1 Eigelb

270 g Mehl
60 g ungesüßtes Kakaopulver
1 Prise Salz
1 TL Wasser (dieser wird eventuell gebraucht)

für das Karamell:
210 g Zucker
60 ml Wasser
55 g Butter
175 ml Sahne
1 Prise Salz

Zimtrollen-PLÄTZCHEN

Wie ihr alle sicherlich wisst, liebe ich Zimt. Und ich liebe Zimt gleich noch mehr, wenn er Bestandteil eines so einfachen Rezeptes ist. Wie einfach? So einfach:

ZUTATEN

für den Teig
260 g Mehl
160 g Butter
80 g griechischer Joghurt
50 g brauner Zucker

für die Füllung
80 g geschmolzene Butter
2 TL Zimt
2 EL brauner Zucker

für die Füllung
80 g geschmolzene Butter
2 TL Zimt
2 EL brauner Zucker

ZUBEREITUNG

1/ **Für den Teig** alle Zutaten in eine Rührschüssel geben und miteinander vermengen. Entweder ganz sportlich mit der Hand oder mit dem Knethaken eurer Küchenmaschine.

2/ Die gut durchgeknetete Teigmasse mit einer Frischhaltefolie abdecken und eine Stunde im Kühlschrank ruhen lassen.

3/ Bevor es nun zur Herstellung der Füllung und ans Ausrollen geht, den Backofen auf 200 °C Ober-/Unterhitze vorheizen.

4/ **Für die Füllung** in einem Töpfchen die Butter mit dem braunen Zucker und dem Zimt zusammen zum Schmelzen bringen. Beiseitestellen, bis der Teig ausgerollt ist.

5/ Den ausgeruhten Teig wieder aus dem Kühlschrank nehmen und auf der bemehlten Arbeitsfläche zu einem Rechteck ausrollen. Mit der leckeren Füllung bestreichen und zu einer schönen, kleinen Rolle zusammenrollen. Von dieser schneidet ihr dann dünne Scheiben ab und legt sie auf ein Backblech mit Backpapier. Nach meinem Augenmaß etwa 1/2 cm dünn.

6/ Das Blech wandert dann für 17 bis 20 Minuten in den Ofen. Ich kann schon förmlich riechen, wie sich dieser zimtige Duft in eurer Küche verteilt ...

Nach oder schon während der Abkühlzeit nascht ihr ein paar Plätzchen, und den Rest bewahrt ihr in einer Blechdose auf. Ich habe auch noch ein Rezept für eine Tarte mit Glühweinkirschen in meinem Buch, wo diese Plätzchen eine essentielle Rolle spielen (S. 42). Probiert es gerne aus.

Merry
Christmas

Lebkuchen- HÄUSCHEN

Hätte ich schon früher gewusst, wie einfach solche Häuschen gehen, hätte sich meine Familie vor weihnachtlichen Neubausiedlungen nicht mehr retten können.

ZUBEREITUNG

1/ Den Backofen auf 180 °C Ober-/Unterhitze vorheizen.
Ihr braucht einen Topf. Und in diesen Topf kommt nach und nach alles hinein. Worauf ihr dabei achten müsst, erzähl ich euch gerne.

2/ Zuerst die Butter schmelzen. Dann Honig und Rübensirup unterrühren. Die beiden Schokoladen in kleine Stückchen brechen, in den Topf geben, schmelzen lassen und wieder rühren. Den Topf vom Herd nehmen und mit einem Handrührgerät zuerst Mehl, dann Lebkuchengewürz, Backpulver, Salz und zum Schluss die Eier einrühren. So spare ich mir immer die extra Schüssel zum Abspülen.

3/ Den Teig auf einem Backblech mit Backpapier verteilen. Damit aus den Häuschen auch wirklich Häuschen werden, darf das Blech für 17 bis 20 Minuten in den Ofen. Wenn der Teig noch so ganz leicht weich ist, ist er fertig.

4/ Jetzt lasst ihr das Blech mindestens eine Stunde abkühlen. Sonst bröseln euch die Häuschen davon.

5/ **Um die Häuschen auszuschneiden**, habe ich mir übrigens so kleine Schablonen aus Pappe gebaut. Ein Tipp für alle, die sich schwertun, sowas freihand mit einem Messer auszuschneiden. Natürlich könnt ihr auch gerne jede andere Form ausschneiden oder ausstechen. Lebkuchenmänner sind ja auch was Hübsches und sehr dekorativ, wenn sie so einfach ruhig dastehen und nix sagen.

6/ **Für die Deko** einfach den Puderzucker und das Eiweiß zu einer halbfesten, gussartigen Masse zusammenmischen und in einen Spritzbeutel mit einer Tülle mit kleiner Öffnung füllen. Nun könnt ihr mit all eurer Malkunst die kleinen Häuschen nach Herzenslust verzieren.
Kleinere Häuschen, Männchen, Sternchen, etc. finde ich auch sehr schön auf den Lebkuchen-Brownies. Dieses Rezept findet ihr bei den Kuchen auf S. 49.

ZUTATEN

90 g Butter
90 g flüssiger Honig
60 g Zuckerrübensirup (z.B. Grafschafter Goldsaft)
100 g Zartbitterschokolade
100 g Vollmilchschokolade
300 g Mehl
2 TL Lebkuchengewürz
10 g Backpulver
1 Prise Salz
2 Eier

für die Deko
300 g Puderzucker
2 Eiweiß

Eierlikör- PLÄTZCHEN

Eierlikör gehört einfach zur Weihnachtszeit. Nachdem man aber nicht ständig am Eierlikörbecherchen nuckeln kann, musste ich mir was einfallen lassen …

ZUTATEN

für den Plätzchenteig
150 g Butter (Zimmertemperatur)
100 g brauner Zucker
1 Ei
125 g Zuckerrübensirup (z.B. Grafschafter Goldsaft)
3 EL Ahornsirup
375 g Mehl
1 TL Natron
1 TL Zimt
1 kräftige Prise Salz

Die angegebene Menge reicht für ein Blech.

außerdem
50 g Zucker zum Wälzen

für die Eierlikör-Creme
350 g weiße Schokolade
70 ml Eierlikör

ZUBEREITUNG

Den Backofen brauchen wir erst später. Der fertige Teig kommt erstmal in den Kühlschrank.

1/ **Für den Teig** in einer Schüssel zuerst die Butter mit dem braunen Zucker schaumig schlagen. Nun das Ei, den Rübensirup und den Ahornsirup dazugeben und alles gut miteinander verrühren. Jetzt dürfen Mehl, Natron, Zimt und Salz auch dazu gerührt werden.

2/ Die Schüssel mit einer Frischhaltefolie bedecken und für 45 Minuten in den Kühlschrank stellen.

3/ Nach der Kühlzeit den Backofen auf 180 °C Ober-/Unterhitze vorheizen.

4/ Mit einem Esslöffel eine Portion aus dem Teig nehmen und daraus ein kleines Kügelchen formen. Dieses Kügelchen in Zucker wälzen, dann mit dem Daumen eine kleine Vertiefung für die Eierlikör-Creme hineindrücken und die Kugel auf ein Backblech mit Backpapier legen. So oft wiederholen, bis kein Teig mehr da ist. Die Teigmasse reicht ziemlich genau für ein Blech.

5/ Die kleinen Plätzchen werden dann 8 Minuten gebacken. Wenn sie aus dem Ofen raus kommen sollen sie noch weich sein. Mit einem Teelöffel könnt ihr die Vertiefung nochmal etwas eindrücken.

6/ **Für die Eierlikör-Creme** in einem Wasserbad die Schokolade schmelzen. Bei 350 g bleibt glücklicherweise eine halbe Tafel zum Naschen übrig. In die geschmolzene Schoki den Eierlikör einrühren.

7/ Jetzt könnt ihr die Creme mit einem Löffel vorsichtig in die Mulde der Plätzchen geben. Uuuuuund fertig. Ein unvergleichlicher Genuss. Schon alleine das Gefühl des Plätzchens im Mund. Wow. Aber überzeugt euch selbst!

LEBKUCHEN

Was wäre die Weihnachtszeit nur ohne Lebkuchen? Es wäre definitiv nicht das Gleiche. Ehrlich gesagt habe ich mich aber bisher nie an Lebkuchen herangetraut. Immer waren die der anderen viel zu gut. Und weil die der anderen viel zu gut sind, war Birgitt so lieb und hat mir ihr Rezept dafür überlassen. Ihr werdet überrascht sein, wie gut die sind.

ZUBEREITUNG

1/ Den Backofen auf 180 °C Ober-/Unterhitze vorheizen.

2/ Die Croissants mit etwas Wasser in der Schüssel einweichen. Das Wasser, das nicht aufgesaugt wird, einfach in der Schüssel lassen.

3/ Und jetzt gebt ihr einfach alle anderen Zutaten dazu und vermengt alles mit der Hand oder dem Knethaken der Küchenmaschine zu einer homogenen Masse. Ja, so einfach gehen Lebkuchen. Wer hätte das geglaubt? Ich bis dahin jedenfalls nicht.

4/ Die Masse auf den Oblaten verteilen und diese auf ein Backblech mit Backpapier legen. Nun ab damit für 15 bis 20 Minuten in den Ofen. Wenn sie braun werden und noch leicht weich sind, sind sie fertig. Das war's dann auch schon. Ich bin sowas von begeistert, wie einfach Lebkuchen doch zu machen sind. Und vor allem wie lecker sie sind.

5/ Wenn ihr möchtet, könnt ihr die Lebkuchen noch mit einer Schokoglasur überziehen. Schokolade schadet ja nie.

ZUTATEN

7 Croissants (2 Tage alt)
Wasser zum Einweichen der Croissants
200 g gemahlene Haselnüsse
200 g gemahlene Mandeln
200 g gemahlene Walnüsse
100 g Zitronat kleingeschnitten
100 g Orangeat kleingeschnitten
250 g Mehl
4 Eier
750 g Zucker
2 TL Zimt
1 Päckchen Lebkuchengewürz
2 Päckchen Backpulver
1 Päckchen Oblaten, 70 mm Ø

Crème-brûlée-
PLÄTZCHEN

Um die Sache um diese Crème brûlée abzurunden, braucht ihr natürlich auch noch ein Rezept für Plätzchen. Et voilà. Hier ist es.

ZUTATEN

für den Teig
115 g Butter
115 g Zucker
1 Ei
240 g Mehl
1 TL Backpulver
1 Prise Salz
etwas Marmelade, um die Plätzchenböden zu bestreichen (z.B. S. 20)

Die angegebene Menge reicht für zwei Bleche.

für die Creme
240 ml Milch
2 Eigelb
120 ml Sahne
1 Prise Salz
1 Päckchen Vanillezucker
2 TL Speisestärke

für die Deko
Puderzucker und Zucker

ZUBEREITUNG

Sowohl Teig als auch Creme müssen über Nacht in den Kühlschrank.

1/ **Für den Plätzchenteig** Butter und Zucker in einer Schüssel schaumig schlagen. Nun das Ei einrühren. Jetzt noch Mehl, Backpulver und Salz, und schon seid ihr fertig. Mit einer Frischhaltefolie abdecken und ab damit über Nacht in den Kühlschrank.

2/ **Für die Creme** in einer Schüssel etwas von der kalten Milch mit dem Eigelb verrühren und beiseite stellen.

3/ In einem Topf die restliche Milch (2–3 EL für das Anrühren der Speisestärke aufheben) mit Sahne und Salz langsam erhitzen. Sobald es köchelt, vom Herd nehmen.

4/ Erst den Vanillezucker, dann die Eigelb-Mischung unter ständigem Rühren zur Milch-Mischung geben. Mit der restlichen Milch die Speisestärke anrühren und dazugeben.

5/ Die Mischung bei mittlerer Hitze kochen, bis die Masse relativ dick wird. Sie darf schon sehr cremig bis fest sein. Den Topf über Nacht zum Teig in den Kühlschrank stellen.

6/ **Am nächsten Tag** den Ofen auf 180 °C Ober-/Unterhitze vorheizen.

7/ Den Teig auf einer bemehlten Arbeitsfläche ausrollen. Mit zwei Ausstechern Plätzchen ausstechen; die Hälfte der Plätzchen sollte ein Loch in der Mitte haben.

8/ Die Plätzchen auf einem Backblech mit Backpapier verteilen, 10 Minuten backen und abkühlen lassen.

9/ Eine ganz dünne Schicht Marmelade auf die Böden der Plätzchen pinseln. Auf diese Schicht eine Portion der Creme geben, mit etwas Zucker bestreuen und mit einem Flambierbrenner karamellisieren. Direkt danach den Deckel mit dem Guckloch daraufsetzen.

10/ Besonders gern haben es die Crème-brûlée-Plätzchen, wenn sie noch mit Puderzucker bestreut werden.

Desserts

BRATÄPFEL
mit Käsekuchenfüllung

Käsekuchen? Lieb ich. Bratäpfel? Lieb ich. Die Konsequenzen dieser Liebe darf nun euer Haus mit herrlichem Duft und traumhaften Geschmack erfüllen.

ZUBEREITUNG

1/ Damit der Ofen für die Äpfel bereit ist, heizt ihr ihn auf 180 °C Ober-/Unterhitze vor.

2/ **Zuallererst bereite ich die Äpfel vor.** Damit in ihrem Inneren auch Platz für die Käsekuchenfüllung ist, den „Deckel" abschneiden. Das könnt ihr auf dem Bild auch gut erkennen. Danach das Kernhaus entfernen. Das geht am besten mit einem Apfelentkerner. Etwas aufwendiger funktioniert das Ganze auch mit einem Messer, was mich aber schier an den Rand der Verzweiflung bringt, da ich zum Anschneiden zu wenig chirurgisches Talent und Geduld besitze. Die fertig entkernten Äpfel dann gleich in eine passende Auflaufform stellen.

3/ **Für die Füllung** ganz easy peasy alle Zutaten in eine Schüssel geben und gut durchmixen. Feeeertig.

4/ Die cremige Masse erstmal in die Äpfel reinlöffeln, bevor ihr sie später, wenn sie fertig sind, wieder genussvoll rauslöffeln dürft. Bitte nur bis zum Rand der Äpfel befüllen, sonst läuft euch der leckere Inhalt teilweise wieder aus den Äpfeln raus.

5/ Nun noch den „Deckel" wieder auf die Äpfel setzen, und ab damit für ca. 30 Minuten in den Ofen.

Ein Tipp meines Mannes: Lasst die Äpfel kurz ein paar Minuten abkühlen und esst sie NICHT direkt nachdem sie aus dem Ofen kommen. Sonfft verbrennt ihr euch die Pffunge.

ZUTATEN

6 große Äpfel (ich nehme immer Boskoop)
500 g Speisequark
1 Ei
60 g Zucker
1 Päckchen Vanillezucker
2–3 EL Mandelplättchen

VANILLEKIPFERL-
Dessert

Ihr dürft, sollt oder wollt zur Weihnachtszeit nicht so viele Plätzchen essen? Hier habt ihr die Gesetzeslücke, auf die ihr alle gewartet habt.

ZUTATEN

300 ml Schlagsahne
200 g weiße Schokolade
350 g Vanillekipferl
1 Päckchen Vanillezucker
2 EL Puderzucker

Für 6 Dessertgläschen

ZUBEREITUNG

Also wenn es wirklich so sein sollte, dass es die Vanillekipferl geschafft haben zu überleben, dann ist das ein Dessert, das ihrer würdig ist. Außerdem ist es ein supertolles Dessert, wenn man spontan Besuch bekommt oder vergessen hat, ein Dessert zu machen. Letzteres ist mir natürlich noch nie passiert. Noch nie …

1/ Zuerst die Sahne steif schlagen. Dann in den Kühlschrank stellen, damit sie auch steif bleibt, bis ihr mit dem Rest fertig seid. Eins vorneweg: ein paar Löffelchen Sahne für die Deko am Ende aufheben. Vergesse ich übrigens immer wieder ganz gerne.

2/ Die weiße Schoki im Wasserbad schmelzen.

3/ Inzwischen die Vanillekipferl zerkleinern. Ich stecke sie dazu in einen Gefrierbeutel und walze mit dem Nudelholz darüber.

4/ In die geschmolzene Schokolade den Vanillezucker, den Puderzucker und die Vanillekipferl-Brösel geben und alles gut verrühren. Ein kleiner Tipp: Macht das über dem Wasserbad oder schaut darauf, dass die Schüssel, in der die Schokolade ist, schön warm ist. Sonst wird die Masse zu schnell fest.

5/ Die gekühlte Sahne unter die Schoko-Masse heben. Und zack, schon ist es fertig. Jetzt nur noch in kleine Dessertgläschen (oder was ihr sonst so habt) abfüllen, mit etwas Sahne dekorieren und nochmal ab damit in den Kühlschrank. Nach maximal einer Stunde habt ihr ein superleckeres Dessert für eure Gäste. Oder nur für euch. Ich würde das verstehen.

6/ Auf dem Sahnehäubchen macht sich ein Vanillekipferl zur Dekoration auch ganz gut. Falls da wirklich noch welche übrig sein sollten.

Bratapfel TIRAMISU

Ich könnte mich ja schon in eine meiner „normalen" Tiramisu reinlegen. Aber wie gut ist denn bitte diese weihnachtliche Bratapfel-Tiramisu? Cremig, knackig, lecker.

ZUBEREITUNG

Am besten fangt ihr mit den Bratäpfeln an. Die sollten nämlich wieder kalt sein, wenn sie in die Tiramisu kommen. Sonst gibt's Matschepampe.

1/ **Für die Bratäpfel** die geschälten und gewürfelten Äpfel in eine Pfanne geben.. Dazu das Wasser, den Zucker und den Zimt. Einmal gut verrühren und bei mittlerer Hitze ca. 10 Minuten köcheln lassen. Danach zum Abkühlen am besten in den Kühlschrank stellen.

2/ **Die Tiramisu** bereite ich am liebsten mit der Hand zu. Da habe ich irgendwie ein besseres Gefühl und kann gleich viel mehr *amore* in dieses Dessert geben.

3/ In einer Schüssel die 5 Eiweiß mit dem Zucker steif schlagen.

4/ In einer separaten Schüssel die 5 Eigelb und den Mascarpone cremig rühren.

5/ Nun den Eischnee vorsichtig unter die Mascarponemasse heben und die Schüssel zur Seite stellen.

6/ In eine kleine, flache Schale euren Espresso füllen. Dahinein werden gleich die Spekulatius getunkt.

7/ **Und schon schichten wir** eine herrlich leckere Tiramisu.
Am liebsten mache ich das in einer Auflaufform. Ob die nun aus Glas oder Porzellan ist, spielt dabei keine Rolle. Die Tiramisu schmeckt aus beiden gut.

8/ Zuerst den Boden mit der Creme bedecken. Darauf eine dünne Schicht Bratäpfel geben. Nun die Spekulatius tränken. Aber nicht alle auf einmal. Sonst sind wir wieder bei Matschepampe. Einen Spekulatius tränken und sofort in die Form legen. Das ganze so lange, bis die Form bedeckt ist.

9/ Und schon geht's von vorne los. Creme, Bratäpfel, Spekulatius. Wie oft ihr das nun macht, hängt ein bisschen von der Größe eurer Form ab. Aber egal wie hoch ihr stapelt: Beendet wird das ganze immer mit einer Schicht der Mascarpone-Creme. Zum Schluss eine großzügige Schicht Kakao darübersieben und die Tiramisu für etwa eine Stunde kalt stellen.

ZUTATEN

5 Eier (getrennt)
750 g Mascarpone
5 EL Zucker
2–3 Espresso
ca. 300 g Spekulatius Kekse

für die Bratäpfel
5 mittelgroße Äpfel, geschält und gewürfelt
100 ml Wasser
2 EL brauner Zucker
2 TL Zimt

Sonstiges
Kakao zum Bestreuen

Glühweinkirschen mit weißer SCHOKOLADEN-MOUSSE

Eine Mousse geht immer. Eine weiße Schokoladenmousse gleich noch viel mehr. Eine weiße Schokoladenmousse mit Glühweinkirschen darf niemals fehlen. So einfach führt man weihnachtliche Dessert-Traditionen ein.

ZUTATEN

für die Glühweinkirschen
300 g entkernte Kirschen
200 ml roter Glühwein (plus eine Tasse für euch)
3 EL Amaretto
40 g brauner Zucker
1 Päckchen Vanillezucker
3 TL Speisestärke
ein bisschen Wasser zum Anrühren der Speisestärke

für die Mousse
200 g weiße Schokolade
1 TL Zimt
20 g Zucker
1 Päckchen Vanillezucker
3 Blatt Gelatine
200 ml Sahne

ZUBEREITUNG

1/ **Für die Glühweinkirschen** zuerst eine Tasse Glühwein für uns erhitzen. Und dann kann's auch schon losgehen. Alle Zutaten außer der Speisestärke in einen Topf geben. Die Speisestärke mit ein bisschen Wasser anrühren und dann erst dazugeben. Das Ganze dann solange vor sich hinköcheln lassen, bis es eine zähflüssige Masse ergibt. Den Topf vom Herd nehmen und kühl stellen. Die Kirschen dürfen erst auf die Mousse, wenn sie abgekühlt sind. Sonst wird euer Dessert vielleicht nicht ganz so hübsch.

2/ **Für die Mousse** braucht man erst zwei Schritte zur Vorbereitung. Darum fang ich bei einer Mousse immer damit an. Im ersten Schritt ein Wasserbad aufsetzen und darin die weiße Schoki schmelzen.

3/ Im zweiten Schritt die Blattgelatine in etwas Wasser einlegen, damit sie weich wird.

4/ Nun die Sahne mit Zucker, Zimt und Vanillezucker steif schlagen.

5/ Die aufgeweichte Gelatine dürft ihr nun in der warmen, geschmolzenen Schokolade auflösen und diese dann unter die geschlagene Sahne heben.
Sobald alles gut miteinander vermischt ist, hab ihrs auch schon geschafft.

6/ **Jetzt geht's auch schon ans Anrichten.** Ich gebe am liebsten ein paar Glühweinkirschen auf den Boden des Glases, darüber die Mousse, und dann wieder Glühweinkirschen darauf. Diese Anrichteweise ist aber nicht gesetzlich geregelt. Tobt euch aus. So wie ihr es schön findet. Lecker schmeckt es allemal.

Lebkuchen-MOUSSE

Wäre diese Mousse ein Hauptgericht, wäre sie unter der Rubrik „schnelle Küche" zu finden. So ist es eben ein „schnelles Dessert". Wobei? Wer sagt, dass eine Mousse kein Hauptgericht sein kann?

ZUTATEN

250 g weiße Schokolade
90 ml warme Milch
½ TL Lebkuchengewürz
500 ml Sahne
3 Lebkuchen

Für etwa 6 bis 8 Dessertgläser

ZUBEREITUNG

1/ Wie es sich für eine Mousse so gehört, beginnen wir mit einem Wasserbad. Darin die Schokolade mit der warmen Milch schmelzen. Wenn ihr die Milch gleich dazugebt, geht's ein bisschen schneller. Und für die Aufmerksamen unter euch: Ich liebe solche Rezepte, weil eine halbe Tafel Schoki für mich zum Naschen übrig bleibt.

2/ Während die Schokolade schmilzt, das Lebkuchengewürz in die Sahne geben und diese steif schlagen. Die drei Lebkuchen auch gleich klein schneiden.

3/ Nun die handwarme, geschmolzene Schokolade und die kleinen Lebkuchenstückchen nacheinander unter die Sahne heben.

4/ Die Mousse in eure Lieblings-Dessertgläschen geben und sie noch eine Stunde im Kühlschrank ruhen lassen.
Und jetzt ab auf die Couch. Kuscheldecke schnappen und Mousse genießen.

ZIMT-PANNA-COTTA
mit Feigen

Wie macht man eine einfache Panna Cotta weihnachtlich? Genau so!

ZUTATEN

für die Panna Cotta
500 ml Sahne
25 g brauner Zucker
1 Mark einer Vanilleschote
1 Zimtstange

Für etwa 6 kleine Schüsselchen.

für das Feigen-Topping
4 Feigen
1 EL Butter
2 EL Amaretto
1 Päckchen Vanillezucker
1 EL Crema di Balsamico
1 Prise Zimt

ZUBEREITUNG

Leider, leider, leider muss eine Panna Cotta ja erst ein bisschen abkühlen und fest werden, bevor man sie genussvoll essen kann. Aber die Wartezeit lohnt sich.

1/ In einem Topf Sahne, braunen Zucker, Vanillemark und die ganze Zimtstange geben und etwa auf die Hälfte im Topf reduzieren. Dazu lasst ihr einfach alles leicht vor sich hin köcheln. Die Zimtstange herausnehmen und die Masse in kleine Schüsselchen abfüllen. So etwa eine Stunde kühl stellen.

2/ Für das Feigentopping zuerst die Feigen vierteln Die kommen dann zusammen mit Butter, Amaretto, Vanillezucker, Creme di Balsamico und der Prise Zimt in einen Topf. Nun darf alles vor sich hin köcheln, bis eine breiige Masse entsteht. Die Feigen zerfallen von ganz alleine. Falls nicht, könnt ihr mit einem Löffel ein bisschen nachhelfen. Den Topf dürft ihr dann zur Seite stellen und abkühlen lassen.

3/ Sobald eure Panna Cotta fest geworden ist, das Feigentopping darübergeben. Das Topping muss übrigens nicht zwangsläufig kalt sein. Wenn ihr es kurz vor dem Servieren zubereitet und noch warm darüber gebt, schmeckt das auch herrlich.

Hot Chocolate CREAM

Anders als der Name vermuten lässt, ist sie nicht heiß.
Aber sie ist bei uns als Weihnachtsdessert zum Familienessen heiß begehrt.

ZUBEREITUNG

1/ Zuerst die Gelatine-Blätter in Wasser einlegen, damit sie einweichen können.

2/ Dann die Sahne steif schlagen und kühl stellen.

3/ **In einem kleinen Töpfchen** die Milch erhitzen und das Schoko-Pulver einrühren, bis eine sämige Trinkschokolade entsteht. Den Topf vom Herd nehmen, die eingeweichte Gelatine in die heiße Schoki legen, verrühren, bis sie sich auflöst, und etwas abkühlen lassen.

4/ **In einer Rührschüssel** Mascarpone und Frischkäse cremig schlagen. Die handwarme Trinkschokolade schlückchenweise unter die Mascarpone-Frischkäse-Creme rühren.

5/ Jetzt wird noch die Sahne untergehoben. Jetzt, genau jetzt, ist es superwichtig, die Creme zu probieren. Sicherheitshalber auch ein zweites Mal.

6/ Nach bestandenem Geschmackstest dürft ihr die Creme in eure Dessertgläschen füllen und für 3 bis 4 Stunden in den Kühlschrank stellen.

7/ **Für die Deko** habe ich aus Marshmallows kleine Schneemänner gebaut. Aber ich verrate euch was: Beim nächsten Mal werde ich die Creme in kleine Tassen abfüllen und Mini-Marshmallows darauf verteilen. Das sieht sicher auch hübsch aus.

ZUTATEN

3 Blatt Gelatine
200 ml Sahne
100 ml Milch
5 EL Trinkschokoladen-Pulver
500 g Mascarpone
200 g Frischkäse

Für 8 bis 10 Dessertgläser

CRÈME BRÛLÉE
mit Brownieboden

Oder wie es meine Kinder immer nannten: Knusperpudding mit Schokolade

ZUTATEN

für den Boden
100 ml Sahne
100 g Zartbitterschokolade
100 g Vollmilchschokolade

für die Creme
6 Eigelb
120 g Zucker
1 Vanilleschote
450 ml Sahne (300+150)
50 g Zucker zum Karamellisieren
1 kräftige Prise Salz

Die Menge reicht für ca. 6 bis 8 ofenfeste Schälchen. Je nachdem wie groß diese sind.

ZUBEREITUNG

1/ **Für den Boden** die Sahne langsam in einem Topf erhitzen, Stück für Stück die Schokoladen hinzugeben und rühren, bis die Schoki und die Sahne eins geworden sind. Leider darf ich währenddessen keine Schokolade naschen, da sich die Hersteller ja blöderweise auf 100 g Packungen eingeschossen haben.

2/ Die fertige Masse auf die Schüsseln verteilen und zur Seite stellen. Sie müssen nicht kalt gestellt werden, da sie dann eh in den Ofen kommen.

3/ **Für die Creme** ein tiefes Backblech auf die unterste Schiene in den Ofen stellen und es so hoch mit Wasser auffüllen, dass später die Förmchen zu 2/3 im Wasser stehen. Den Backofen auf 165 °C Ober-/Unterhitze vorheizen.

4/ Das Eigelb in eine hitzebeständige Schüssel geben und mit 2 bis 3 EL vom Zucker und mit dem Mark der Vanilleschote verquirlen.

5/ 2/3 der Sahne mit dem restlichen Zucker und der Prise Salz in einem Topf sanft zum Köcheln bringen, dann 2–3 Minuten abkühlen lassen, bevor ihr weitermacht.

6/ Mit einem Schneebesen die Sahne unter ständigem Rühren ganz langsam zu dem Eigelb geben. Nun die restliche Sahne einrühren.

7/ Falls die Masse flocken sollte, könnt ihr sie einfach durch ein Sieb geben, bevor ihr sie in die Förmchen abfüllt. Das Abfüllen klappt am besten mit einem Messerbecher.

8/ Die Förmchen mit der Creme befüllen. Aber nicht ganz bis zum Rand, sondern mit einem klitzekleinen bisschen Abstand.

9/ Die Crème brûlée gart nun für etwa 45 bis 50 Minuten im Ofen. Wenn sie fertig ist, sollte sie in der Mitte noch leicht wabbelig sein und am Rand fester.

10/ Die Schälchen vorsichtig aus dem Ofen nehmen und zum Abkühlen auf einen Rost stellen. Wenn sie nicht mehr ganz so heiß sind, wandern sie für etwa 2 Stunden in den Kühlschrank.

11/ Vor dem Servieren wird karamellisiert. So will es das Crème-brûlée-Gesetz. Und außerdem wär's ja sonst kein „Knusperpudding". Zum Karamellisieren die Creme mit etwas Zucker bestreuen. Mit dem Flambierbrenner den Zucker auf der Creme so lange von oben erhitzen, bis er karamellisiert. Ihr erkennt das an der goldbraunen Farbe. Das ergibt dann dieses herrliche Knacken beim Essen.

Gebrannte-Mandel-TIRAMISU

Kein Dessert wünscht sich mein Mann mehr als Tiramisu. Und ich schaff es immer wieder, ihn zu überraschen.

ZUBEREITUNG

Ich kaufe die gebrannten Mandeln zur Weihnachtszeit bei den Schaustellern. Natürlich könnte ich sie auch selbst machen, aber ich unterstütze die Menschen gerne, indem ich bei ihnen kaufe. Und außerdem bin ich gerne auf Weihnachtsmärkten. Da gibt's neben gebrannten Mandeln ja auch noch Glühwein.

1/ **Für die Creme** zuerst die Schokolade in einem Wasserbad schmelzen. Währenddessen die Sahne mit Puderzucker und Vanillezucker steif schlagen. Nun den Mascarpone dazugeben und alles schön cremig rühren. Jetzt noch die geschmolzene Schokolade unterheben, und schon ist die Creme fertig.

2/ **Für die Zwischenschichten** den Espresso mit dem Eierlikör vermischen. Die Löffelbiskuitstückchen in die Mischung tunken.

3/ **Zum Schichten** schöne Dessertgläser bereitstellen. Zuerst etwas Mascarpone, danach ein paar der in Espresso getunkten Löffelbiskuitstückchen und ein paar Mandeln einschichten. Darüber einen Klecks Mandelmus geben. Das macht ihr so oft, bis euer Gläschen gefüllt ist. Mit welcher Schicht ihr letztendlich aufhört, ist dabei euch überlassen. Ich beende es immer mit Creme und ein paar Mandeln darauf.

4/ Die Tiramisu-Gläschen kommen dann noch ein bisschen in den Kühlschrank. Wer nicht warten kann, kann sie aber natürlich auch gleich essen.

ZUTATEN

für die Creme
100 g Vollmilchschokolade
220 ml Sahne
50 g Puderzucker
1 Päckchen Vanillezucker
250 g Mascarpone

für die Zwischenschichten
200 ml Espresso
2 EL Eierlikör
120 g Löffelbiskuit in kleinen Stücken
100 g gebrannte Mandeln
60 g Mandelmus

Tipp: Für Kinder nehmt ihr anstelle des Espresso Trinkschokolade und lasst den Eierlikör weg.

Amarettini- MOUSSE

Wenn ich es irgendwie schaffe, die Packung Amarettini sicher vor den Kindern zu verstecken, wird daraus eine leckere Mousse.

ZUTATEN

200 g weiße Schokolade
50 ml warme Sahne
2 Blatt Gelatine
3 Eigelb
1 Päckchen Vanillezucker
300 ml Sahne
6 EL Amaretto
70 g Amarettini

Die angegebene Menge reicht für 6 Portionen.

zum Garnieren
Schokoladensoße

ZUBEREITUNG

1/ In einem Wasserbad die Schoki zusammen mit der warmen Sahne schmelzen.

2/ Die Blattgelatine zum Einweichen in ein Schälchen mit Wasser legen.

3/ In einem zweiten Wasserbad die Eigelbe mit dem Vanillezucker schaumig aufschlagen. Dann die Gelatine dazugeben und rühren, bis sie sich aufgelöst hat.

4/ Mit einem Löffel die geschmolzene Schoki unter die Eigelb-Masse ziehen und sie kalt stellen, bis sie anfängt fest zu werden.. Das dauert etwa 15 Minuten. In dieser Zeit gönne ich mir ein paar Amarettini, bevor mir die Kinder alles wegnaschen, und mach den Rest davon fertig.

5/ Die Amarettini-Kekse zerbröseln und mit Amaretto tränken. Die Sahne steif schlagen.

6/ Um die Mousse zu vollenden, abwechselnd die Amarettini und die Sahne unter die abgekühlte Schoko-Masse heben.

7/ Nach 3 bis 4 Stunden im Kühlschrank hat euer Dessert die perfekte Konsistenz, um mit einem Eisportionierer in hübsche Eisschälchen oder auf einem Teller platziert zu werden.

8/ **Zur Dekoration** habe ich eine dunkle Schoko-Soße darüber laufen lassen.

Weihnachtliche Parfait-SANDWICHES

Früher gab's bei uns immer weihnachtliches Eis. Jedes Jahr das Gleiche. Ich finde, diese Tradition mit einem Parfait zu brechen war eine sehr gute Idee.

ZUTATEN

für die Plätzchen
70 g dunkle Schokolade
115 g Butter
65 g brauner Zucker
20 g Kakao
150 g Mehl

für das Parfait
300 ml Milch
3 Eigelb
150 g Zucker
1 Zimtstange
1 Pk Vanillezucker
130 g Mandelmus
500 ml Sahne
250 g gebrannte Mandeln

ZUBEREITUNG

Ihr braucht für die Plätzchen und später für das Parfait 8 bis 10 kleine Tortenringe mit einem Durchmesser von etwa 8,5 cm und einer Höhe von etwa 7 cm.

2/ **Für die Plätzchen** den Backofen auf 160 °C Ober-/Unterhitze vorheizen.

3/ Zuerst die Schoki klein hacken. Nun mit der Hand Butter, Zucker, Kakaopulver und Mehl zusammenkneten. Zum Schluss die gehackte Schokolade dazugeben.

4/ Den Teig nun etwa 1/2 cm dick ausrollen und mit einem kleinen Tortenring die Plätzchen ausstechen. Die Reste vom Ausstechen nochmal ausrollen und wieder ausstechen, bis nur ein kleiner Rest für euch zum Naschen übrig bleibt.

5/ Auf einem mit Backpapier ausgelegtem Backblech die Plätzchen 15 Minuten backen. Wenn sie aus dem Ofen herauskommen, dürfen die Plätzchen noch leicht weich sein. Sie werden beim Abkühlen fest.

6/ Habt ihr schon mal ein Parfait gemacht? Das ist wirklich total einfach. **Für das Parfait** in einem Topf die Milch mit den Eigelben, dem Zucker, der Zimtstange und dem Vanillezucker bei mittlerer Hitze aufkochen, dann die Masse etwa 10 Minuten bei geringer Hitze eindicken lassen. Die Zimtstange wieder herausnehmen. Das Mandelmus einrühren, bis es sich gut mit der Masse verbunden hat.

7/ Die Masse dann in eine Schüssel füllen und etwa eine halbe Stunde abkühlen lassen.

8/ Die Sahne steif schlagen und die gebrannten Mandeln bereitstellen. Die Tortenringe auf ein Brett oder Tellerchen stellen, das in eurem Gefrierschrank oder der -truhe Platz hat.

9/ Die steif geschlagene Sahne abwechselnd mit den Mandeln unter die Masse heben.

10/ Die Tortenringe bis etwa zur Hälfte mit der Parfait-Masse füllen. 5 bis 6 Stunden in den Gefrierschrank stellen.

11/ Wenn die Parfaits fest sind, jedes aus seinem Tortenring herausnehmen, auf ein Plätzchen setzen und ein weiteres obendrauf setzen. Verziert euer Tellerchen gerne mit Puderzucker, Mandeln, Schokosoße oder was auch immer ihr gerne mögt, bevor ihr sie serviert. Meine Große sagt, dieses Dessert gibt's „auf die Hand". Wieso sonst heißt es Sandwich ...

Knusprige EISKUGELN

Bei dieser Nachspeise kommt jede einzelne Geschmacksknospe auf ihre Kosten …

ZUTATEN

für das Eis
500 ml Sahne
350 g Frischkäse
350 g griechischer Joghurt
320 ml flüssiger Honig
1 Päckchen Vanillezucker
120 g Preiselbeeren (Glas)

für die Kruste
300 g Amarettini
1 EL brauner Zucker
½ TL Zimt

zusätzlich
400 g Beeren-Glühwein-Aufstrich (s. S. 20)

ZUBEREITUNG

1/ **Für das Eis** die Sahne steif schlagen und zur Seite stellen.
2/ In einer Schüssel Frischkäse, griechischen Joghurt, Honig und Vanillezucker herrlich cremig rühren.
3/ Sahne und Preiselbeeren abwechselnd unter die Creme heben.
4/ Wenn ihr einen Eisbehälter für die Creme habt, nutzt ihn gerne. Ich habe keinen. Darum habe ich eine Kastenform mit Backpapier ausgelegt und darin die Creme verteilt. Das klappt wunderbar.
5/ Damit aus der Creme auch Eis-Creme wird, stellt ihr sie über Nacht in den Kühlschrank.
6/ **Für die Kruste** die Amarettini zerkrümeln. Am besten steckt ihr sie dazu in einen Gefrierbeutel und rollt mit einem Nudelholz darüber.
7/ Amarettinibrösel, Zucker und Zimt ein paar Minuten in einer Pfanne rösten und abkühlen lassen.
8/ **Am nächsten Tag** das Eis aus dem Gefrierfach holen, mit einem Eisportionierer Kugeln formen und in den Amarettinibröseln wälzen. Dann ab damit auf einen Teller, einen Klecks Beeren-Glühwein-Aufstrich (s. S. 20) dazu, und schon kann euer traumhaftes Eis-Dessert serviert werden.
9/ Wenn ihr das Eis nicht sofort servieren möchtet, könnt ihr die Kugeln nach dem Rollen in den Bröseln auch auf einen Teller geben und sie zurück ins Eisfach stellen.

Weihnachtliche Getränke

Buddy THE ELF

Wir haben in unserem Salon auch einige Kundinnen von einer amerikanischen Militärbasis. Eine von ihnen fragte beim Haarefärben meine Tochter, was typisch deutsche Weihnachtsgetränke sind. Die Kundin brachte uns dann auf die Idee, diesen amerikanischen Drink mal auszuprobieren. Beim nächsten Besuch habe ich ihr meine Version serviert. Ihre Augen wurden groß, und sie sagte: „Der ist viel besser als meiner".

ZUTATEN

120 ml Wodka
60 ml Baileys
3 EL Ahornsirup
1 Päckchen Vanillezucker
2 TL Zuckerrübensirup (z.B. Grafschafter Goldsaft)
Eine Prise Zimt
Eiswürfel

FÜR EIN GLAS

Für die Dekoration
Schlagsahne
Schokoladensoße oder Schoko-Drops

ZUBEREITUNG

1/ Alle Zutaten in einen Shaker geben und dann *shake, shake, shake*. In ein Glas abgießen, mit Sahne und Schoko dekorieren und genießen.

2/ Wenn ihr keinen Shaker habt, gebt alles in ein etwas größeres Glas und rührt kräftig. Das geht genauso.

Schnell, einfach und extreeeeeem lecker. Ehrlich gesagt habe ich das bei dieser Zutatenliste zuerst nicht geglaubt. Man hat ja dann doch so einen Geschmack „im Kopf", wenn man weiß, was drin ist. Aber ich wurde eines Besseren belehrt.

Gewürzter CRANBERRY-APERITIF

Als wir dieses Getränk in der Weihnachtszeit bei uns im Café unseren Gästen zum Probieren angeboten haben, gab es nur positives Feedback. Ist doch klar, dass ich euch das nicht vorenthalten kann.

ZUTATEN

120 ml Wasser
300 g Cranberrys
120 ml Ahornsirup
1 kleines Stück Ingwer
8 Pimentkörner
5 Nelken
2 Zimtstangen
480 ml Cranberry- oder Granatapfelsaft
240 ml Orangensaft
300 ml Wodka
360 ml Mineralwasser
Eiswürfel

Optional

etwas Zitronensaft und braunen Zucker für den Glasrand

FÜR 4–5 GLÄSER

ZUBEREITUNG

1/ Die Basis dieses weihnachtlichen Getränkes ist ein Sirup. Um den kümmern wir uns erstmal. In einem Topf, Wasser, Cranberrys, Ahornsirup, Ingwer, Pimentkörner, Nelken und Zimtstangen bei großer Hitze einkochen lassen, bis ein Sirup entsteht. Das dauert etwa 20 bis 30 Minuten. Nun die Gewürze und Cranberrys absieben und den Sirup für später mit einem Trichter in ein kleines Fläschchen oder Glas füllen.

2/ Die Zubereitung des Drinks geht dann ganz schnell. In eine große Glaskanne oder Karaffe (ca. 1,5 l Füllmenge) eine Ladung Eiswürfel geben. Den Sirup hineingießen. Danach kommen beide Fruchtsäfte, Wodka und Mineralwasser dazu. Kräftig umrühren, und schon ist euer Aperitif fertig.

3/ Bevor ihr euch und euren Gästen einschenkt, tunkt ihr das Glas mit dem in etwas Zitronensaft und drückt es danach leicht in den Zucker. So sieht das Getränk gleich noch viel ansprechender aus.

Und jetzt lasst es euch schmecken!

Hot MULE

Der Cocktail-Klassiker mal etwas anders.
Warm, und doch herrlich erfrischend.

ZUTATEN

200 ml Ginger Beer
2 Limetten
20 ml gewürzter Rum
(z.B. „The Kraken“ Black-Spiced Rum)
20 ml Zimtlikör

FÜR EIN GLAS

ZUBEREITUNG

1/ In einem Töpfchen langsam das Ginger Beer erwärmen. Währenddessen die Limetten verarbeiten. Den Saft einer halben Limette in ein Glas geben. Die anderen eineinhalb Limetten vierteln und dann auch ab damit ins Glas.

2/ Nun noch den Rum und den Zimtlikör dazu und mit dem heißen Ginger Beer auffüllen. Gerne könnt ihr den Mule auch standesgemäß in einem Mule-Kupferbecher servieren.

Ich sag’s euch ... dieses Getränk wird mich durch den Winter begleiten. Wieso gibt’s das eigentlich auf keinem Weihnachtsmarkt?

Glühwein SPRITZ

Ladet eure besten Freunde ein. Nehmt eure schönsten Rotweingläser. Lasst die Korken knallen. Es ist Spritz-Zeit. Ja richtig gehört. Spritz. Muss ja nicht immer nur im Sommer getrunken werden.

ZUTATEN

Eiswürfel
100 ml roter Glühwein
100 ml Prosecco
20 ml Zimtlikör
ein Schluck Mineralwasser
Eine Scheibe Orangen

FÜR EIN GLAS

ZUBEREITUNG

1/ Gebt in ein Rotweinglas eine Handvoll Eiswürfel. Alleine dieser Klang macht schon Lust auf mehr. Dann mit Glühwein, Prosecco, Zimtlikör und Mineralwasser in den angegebenen Mengen befüllen. Beim Mineralwasser geht ihr einfach ein bisschen nach eurem Gefühl.

2/ Zum Schluss noch eine oder zwei Scheiben Orangen hineinschneiden. Ich nehme am liebsten Blutorangen.

Ein kleiner Tipp: *Probiert das Ganze auch mal mit weißem Glühwein. Das schmeckt auch herrlich.*

Hot WINTER DRINK

Hallo, einen Seelenwärmer bitte! Danke.

ZUTATEN

250 ml Milch
3 TL Vanille-Kakaopulver
20 ml Zimtlikör

FÜR EIN GLAS

optional
geschlagene Sahne als Deko

ZUBEREITUNG

1/ Wenn ihr einen Milchaufschäumer habt, dann darf der jetzt zum Einsatz kommen. Ich persönlich schäume die Milch immer gleich mit dem Kakaopulver auf, weil der Kakao dann besonders cremig wird.

2/ Gebt nun noch den Zimtlikör dazu, einmal kurz umrühren, und schon könnt ihr einen cremigen, weihnachtlichen Seelenwärmer genießen.

Das Getränk schmeckt auch sehr gut mit einer Vanille-Milchalternative. Einfach mal ausprobieren!

Mrs. CLAUS

Einer der Vorteile, wenn man seine Gäste im Café neue Kreationen testen lässt, ist, dass man dabei gleiche neue Inspirationen und Tipps bekommt. Vielen Dank für diesen Tipp, Mädels. Auf euch!

ZUTATEN

240 ml Eierlikör
20 ml weißer Schokoladenlikör
10 ml Pfefferminzlikör
50 ml Sahne
glitzernder Zuckerdekor

FÜR EIN GLAS

ZUBEREITUNG

1/ In einem Topf langsam alle Zutaten erhitzen, bis auf die Sahne. Die schlagt ihr steif.

2/ Bitte achtet darauf, den Eierlikör vorsichtig zu erhitzen und nicht zu heiß zu machen, da er sonst stockt. Und niemand möchte diesen Drink kauen.

3/ Nach dem Abfüllen die Sahne daraufgeben und alles mit etwas Glitzer dekorieren. Glitzer ist immer gut. Nicht nur zu Weihnachten.

Granatapfel SPRITZ

Ein Wintergetränk, welches definitiv nicht nur bei kalten Temperaturen gut schmeckt …

ZUTATEN

Eiswürfel
Granatapfelkerne
75 ml Granatapfelsaft
50 ml Orangensaft
50 ml Apfelsaft
100 ml Sekt oder Prosecco

FÜR EIN GLAS

ZUBEREITUNG

In ein großes Rotweinglas Eiswürfel und ein paar Granatapfelkerne geben. Nacheinander Granatapfelsaft, Orangensaft, Apfelsaft und Prosecco einfüllen, einmal umrühren, zurücklehnen und euren Drink genießen.

DANKE

Es ist wieder soweit. Danke. Danke an alle, die mich während meines zweiten Buches motiviert, ermuntert, unterstützt und vor allem wieder ertragen haben. Danke euch allen! Tausend Dankeschön an alle.
Wieder stellt sich mir die Frage: Wo beziehungsweise bei wem fange ich an?

Beim ersten Mal waren es vor allem die Freude und die Aufregung, die mich durch diesen Teil des Buches begleitet haben. Es wäre gelogen, wenn ich sage, dass es diesmal nicht so ist. Doch es ist noch ein weiteres, großes Gefühl dabei. Die Erleichterung. Ich bin erleichtert zu wissen, dass mir die Ideen nicht ausgehen und dass es so viele und noch mehr Menschen gibt, die mich dazu ermutigt haben ein weiteres Buch zu schreiben.

Allen voran du, liebe Uta. Als ich dich gefragt habe, ob ihr euch vorstellen könntet, eventuell ein weiteres Buch mit mir zu machen, hast du nur gesagt, dass ihr eigentlich nur auf meine Zusage wartet. Ihr seid bereit. Danke für dieses bedingungslose Vertrauen in mich und meine Arbeit. Danke, dass du und das Team des Thorbecke Verlags meine Kreativität so unterstützt. Danke für den offenen und respektvollen Umgang miteinander.

Danke an meine wunderbaren Mädels im Frisör und Café. Wieder einmal habt ihr mir gezeigt, dass wir mehr als ein Team sind. „Wir kommen zusammen und wir gehen zusammen". So habt ihr es nicht nur gesagt, sondern so seid ihr jeden einzelnen Tag. Danke, dass ihr mein Drama ohne Drama hingenommen habt, weil ich so oft dachte, ich werde nie rechtzeitig fertig, und dann vielleicht ein bisschen übertrieben habe und so. Naja, ihr kennt mich ja. Vielen Dank dafür. Noch einmal danke, dass es euch gibt und ihr so seid, wie ihr seid. Ohne euch wäre vieles nicht so toll, wie es jetzt ist.

Viele Dank an meinen Papa Lu, der, nachdem er das erste Buch zum ersten Mal in den Händen gehalten hat, vor Stolz fast geplatzt ist und es genauso stolz allen gezeigt hat, die er kennt. Vielen Dank Papa, für deine Unterstützung und Ratschläge in allen Lebenslagen.

Mama. Vielen Dank auch an dich. Tausend Dank für deine Werbetour. Wo immer du warst, hast du voller Stolz erzählt, dass ich ein Backbuch habe, und es vorgestellt. Vielen Dank für deine enthusiastischen Jubelstürme. Sie kamen immer genau zum richtigen Zeitpunkt. Vielen Dank für deine Rezepte und deine vierhundertzweiunddreißigtausend Trink- und Dessertgläser. Ich konnte mich gar nicht entscheiden, welche ich nehmen soll.

Auch dir, liebe Isabella, sag ich Danke. Immer, wenn ich daran gezweifelt habe, ob ein Bild wirklich gut genug ist, gab's von dir mit den Worten „das ist ein wunderschönes Bild" einen Klaps auf den Hinterkopf.

Meinen Kindern kann ich auch gar nicht genug danken. Ihr drei habt mir immer Raum gelassen, wenn ich Ruhe nötig hatte, und gleichzeitig immer gemerkt, wenn ich euch brauchte. Ihr habt meine Bilder geduldig mit mir zusammen analysiert. Egal wie sehr ich euch damit genervt habe. Ihr wart, wie schon beim ersten Buch, meine wichtigsten Kritiker. Danke, dass ihr mich immer mit euren liebevollen, aufmunternden Worten unterstützt habt und immer da wart. Danke Anina, danke Emelie, danke Fini. Ich hab euch lieb.

Mein Chris. Du hast die volle Breitseite der stressigen Phase dieses Buches abbekommen und bist keinen Millimeter gewankt. Wieder einmal hast du alles bedingungslos mitgemacht, was ich angefangen habe. Du bist auch dreimal am Tag in den Supermarkt gegangen, wenn mir was gefehlt hat. Egal welche Zutat ich brauchte, du hast sie aufgetrieben. Danke, dass du den alltäglichen Trubel um mich herum, so gut es ging, von mir ferngehalten hast. Egal, wie stressig es (oder auch ich) war, du warst da. Danke dafür. Ich liebe dich.

Wieder einmal hast du, liebe Tanja, mir meinen Rücken auf ganz besondere Art und Weise frei gehalten. Selbst als Freundin kannst du deinen Job halt nicht vergessen und passt immer darauf auf, dass ich nicht überall zu kreativ werde. Nicht umsonst stehen wir und unsere Familien seit über 20 Jahren vieles gemeinsam durch.

Und wenn wir schon bei befreundeten Familien sind: Yvonne und Manfred. Ihr wart und seid immer da. Bedingungslos. Egal welche Aufgaben uns das Leben stellt, keiner von uns muss sie alleine bewältigen. Wegen eurer persönlichen und beruflichen Erfahrung ist mir eure Meinung, nicht nur zu meinen Naschereien aus dem Buch, immer sehr wichtig. Die leer gegessenen Teller zeigen mir und euch, wie überzeugt jeder von dem ist, was der andere macht. Vielen Dank für eure Unterstützung und jede Sekunde eurer kostbaren Zeit, die wir miteinander verbringen können.

Liebe Doris, als Buchhändlerin mit Herz hast du mir von Sekunde eins mit Rat und Tat zur Seite gestanden. Als ich dir erzählt habe, dass mich ein Verlag angeschrieben hast, und dann auch noch welcher Verlag, hast du dich so gefreut, als würde es um dich gehen. So wie du bist und was du getan hast, ist nicht selbstverständlich. Dafür kann ich mich gar nicht genug bedanken. Außer ... danke, dass du beim zweiten Buch wieder mit Herzblut dabei warst.

Ebenfalls danke möchte ich allen Kunden und Gästen im Café sagen. Sobald ich euch etwas zum Probieren unter die Nase gehalten habe, habt ihr euch gefreut und mir offen und ehrlich gesagt, was ihr davon haltet. Vielen Dank fürs Aufessen und den kreativen Austausch mit euch allen. Ihr alle seid auch ein Grund dafür, dass sich unsere Arbeit nicht wie Arbeit anfühlt.

Auch dir gebührt ein wahnsinnig großes Danke, liebe Angela. Du bist für mich und meine Familie immer da. Du weißt genau, wann ich Motivation brauchte und wann ich gebremst werden muss. Egal in welcher Lebenslage warst du für die Kinder, Chris und mich eine Freundin, die wir nicht missen möchten. Aus tiefstem Herzen von uns allen ein riesengroßes Dankeschön.

Zu Guter Letzt ein großes Dankeschön auch an alle, die mein erstes Buch schon bei sich zuhause stehen haben und fleißig alles nachgebacken haben. Ohne euch hätte es niemals dieses zauberschöne Weihnachtsbuch gegeben. Danke. Danke. Danke.

VERLAGSGRUPPE PATMOS

PATMOS
ESCHBACH
GRÜNEWALD
THORBECKE
SCHWABEN
VER SACRUM

Die Verlagsgruppe
mit Sinn für das Leben

Viele Rezepte lassen sich problemlos an die die vorhandene Form anpassen. Dazu einfach die Umrechnungen aus der Tabelle nutzen. Hierzu müsst ihr nur einfach alle Zutaten mit dem dementsprechenden Faktor multiplizieren. Aber Obacht geben. Die Backzeiten müssen natürlich auch ein bisschen angepasst werden. Hört in euren Ofen hinein. Und falls er nicht mit euch sprechen mag: Stäbchenprobe machen!

Form im Rezept	Ziel: 18 cm	Ziel: 20 cm	Ziel: 24 cm	Ziel: 26 cm
18 cm		x 1,23	x 1,78	x 2,09
20 cm	x 0,81		x 1,44	x 1,69
24 cm	x 0,56	x 0,69		x 1,17
26 cm	x 0,48	x 0,59	x 0,85	

Die Verlagsgruppe Patmos ist sich ihrer Verantwortung gegenüber unserer Umwelt bewusst. Wir folgen dem Prinzip der Nachhaltigkeit und streben den Einklang von wirtschaftlicher Entwicklung, sozialer Sicherheit und Erhaltung unserer natürlichen Lebensgrundlagen an. Näheres zur Nachhaltigkeitsstrategie der Verlagsgruppe Patmos auf unserer Website www.verlagsgruppe-patmos.de/nachhaltig-gut-leben

Verlagsgruppe Patmos in der Schwabenverlag AG, Ostfildern
www.thorbecke.de

Gestaltung: Finken & Bumiller, Stuttgart
Druck: PNB Print Ltd, Silakrogs
Hergestellt in Lettland
ISBN 978-3-7995-1991-5